T0199092

Peter Salje

Arbeitsbuch im Bürgerlichen Recht für Anfänger

Für Arbeitsgemeinschaften
und Selbststudium. Mit Lösungen

Zweite, verbesserte Auflage

Springer-Verlag Berlin Heidelberg New York
London Paris Tokyo Hong Kong

Universitätsprofessor Dr. jur. Dr. rer. pol. Peter Salje
Lehrgebiet Zivilrecht und Wirtschaftsrecht
am Fachbereich Rechtswissenschaften der Universität Hannover
Hanomagstraße 8, D-3000 Hannover 91

ISBN 3-540-52570-X Springer-Verlag Berlin Heidelberg New York Tokyo
ISBN 0-387-52570-X Springer-Verlag New York Berlin Heidelberg Tokyo
ISBN 3-540-11480-7 1. Auflage Springer-Verlag Berlin Heidelberg New York
ISBN 0-387-11480-7 1st edition Springer-Verlag New York Heidelberg Berlin

CIP-Titelaufnahme der Deutschen Bibliothek

Salje, Peter:
Arbeitsbuch im bürgerlichen Recht für Anfänger : für
Arbeitsgemeinschaften und Selbststudium ; mit Lösungen /
Peter Salje. - 2., verb. Aufl. - Berlin ; Heidelberg ; New York ;
London ; Paris ; Tokyo ; Hong Kong : Springer, 1990
ISBN 3-540-52570-X (Berlin ...)
ISBN 0-387-52570-X (New York ...)

Die Wiedergabe von Gebrauchsnamen, Handelsnamen, Warenbezeichnungen usw. in diesem Werk berechtigt auch ohne besondere Kennzeichnung nicht zu der Annahme, daß solche Namen im Sinne der
Warenzeichen- und Markenschutz-Gesetzgebung als frei zu betrachten wären und daher von jedermann
benutzt werden dürften.

Druck: Zechnersche Buchdruckerei GmbH u. Co. KG, D-6720 Speyer
Bindearbeiten: J. Schäffer GmbH u. Co. KG, Grünstadt
2142/7130-543210

Vorwort

Nur anhand von Übungsfällen kann der Student an Universität und Fachhochschule die Rechtsanwendung lernen, die später im juristischen, kaufmännischen oder Verwaltungsberuf erforderlich ist. Für Übungen und Arbeitsgemeinschaften, die der Einführung von Anfängern dienen, kommen dem Allgemeinen Teil des BGB und dem Schuldrecht eine besondere Bedeutung zu. Studienbegleitende Leistungskontrollen und Zwischenprüfungen haben diesen Stoff zum Prüfungsinhalt und setzen häufig schon in den Anfangssemestern die Beherrschung der juristischen Falltechnik voraus.

Das vorliegende Buch ist als Weiterentwicklung des didaktischen Konzepts der "Heidelberger Arbeitsbücher" aus "Lernprozessen" in Arbeitsgemeinschaften und Übungen entstanden, die der Verfasser seit Anfang der siebziger Jahre an der Universität Münster geleitet hat. Es soll besonders dem Anfänger - begleitend zu Vorlesung, Übung und Arbeitsgemeinschaft - die Erarbeitung des Stoffes anhand von Lehrbüchern erleichtern, den Lernerfolg kontrollieren und ihn gleichzeitig mit der Methode der Bearbeitung juristischer Fälle vertraut machen.

Dabei weicht die Reihenfolge bei der Stoffbehandlung bewußt vom Gewohnten ab. Erst aus der Gegenüberstellung von Vertrag und Delikt erschließt sich das Verständnis für das System des Bürgerlichen Rechts (Abschnitte II und III). Gleichzeitig sollen Verbindungslinien und Parallelitäten zwischen Leistungsstörungen (= Vertragswidrigkeit) und unerlaubter Handlung (= Rechtswidrigkeit) aufgezeigt werden (Abschnitt III). Um möglichst rasch mit der juristischen Arbeitstechnik vertraut zu werden, ist der Abschnitt über die Fallbearbeitung so früh wie eben vertretbar aufgenommen worden (Abschnitt IV), auch wenn dadurch der systematische Zusammenhang zwischen intakten und mängelbehafteten Rechtsgeschäften beeinträchtigt zu werden scheint. Der Gewinn gerade für den Anfänger besteht darin, daß die frühe Integration der Fallbearbeitungstechnik in den folgenden Abschnitten zahlreiche Erfolgserlebnisse bei der praktischen Rechtsanwendung ermöglicht.

Münster, im März 1990   Peter Salje

Hinweise zur Benutzung dieses Arbeitsbuches

Die Umstellung vom schulischen Lernen auf das Lernen und Anwenden an Universität und Fachhochschule fällt gerade den Studenten des Rechts - Juristen und Wirtschaftswissenschaftlern gleichermaßen - besonders schwer. Dies mag am Stoffgebiet selbst liegen, das aus umfangreichen, mosaikartig miteinander verketteten Teilproblemen besteht und für den Anfänger völlig unüberschaubar erscheinen muß. Hinzu kommt aber sicherlich die dem am Beginn des Studiums stehenden Studenten fremd anmutende Technik der Anwendung juristischen Wissens in Fall-Lösungen, deren "Geheimnisse" schwer enträtselbar erscheinen.

Diese zweifache Schwierigkeit des Faches Recht erfordert besondere, über das Lehrbuch hinausgehende Lernmittel. Deshalb wird hier ein Arbeitsbuch vorgelegt, das in einem für Selbststudium und Arbeitsgemeinschaften gedachten integrierten Kurs zur systematischen Stofferarbeitung anleitet und zugleich die Technik der Fall-Lösung einübt. Hervorgegangen aus juristischen Anfänger-Arbeitsgemeinschaften, die der Verfasser viele Jahre an der Universität Münster geleitet hat, stellt das Arbeitsbuch den Versuch dar, nicht nur dem Studenten den schwierigen Einstieg in die Rechtswissenschaft zu erleichtern, sondern auch den Arbeitsgemeinschaftsleiter zu einer interessanten Stoffaufbereitung und Stoffvermittlung anzuregen.

Jeder der sieben Abschnitte des Arbeitsbuches ist in fünf Teile gegliedert: Lernziele, Literaturhinweise, Lernfragen, Kontrollfragen sowie einen Teil zur Vertiefung in der Arbeitsgemeinschaft. Die Lernziele geben einen Überblick über den Wissensstoff, den Sie nach Durcharbeiten dieses Abschnitts beherrschen sollten. Mit den Literaturhinweisen ist versucht worden, die angegebenen Lehrtexte im Hinblick auf leichte Lesbarkeit und die für den ersten Einstieg anzustrebende Knappheit auszuwählen. Die Quellen sind prinzipiell austauschbar, so daß der Student die Möglichkeit hat, das ihm am besten zusagende Lehrbuch zu benutzen.

Nach Durcharbeiten der zitierten Abschnitte des Lehrbuchs können die Lernfragen - allein oder am besten in Arbeitsgruppen - beantwortet werden. Als zweckmäßig erscheint es, wenn die Lernfragen und Fälle z. B. in Stichwörtern auf Schreibpapier

VIII

übertragen und dort auch beantwortet werden. Wer zunächst Bleistiftnotizen anfertigt, kann dann nach Durcharbeiten der Lösungshinweise noch Korrekturen vornehmen. Die vollständig beantworteten Fragen können später zur Wiederholung des Stoffgebietes (Abdecken der Antworten) benutzt werden.

Die Kontrollfragen dienen der Wiederholung und Vertiefung des erarbeiteten Stoffes insbesondere in Fallform. Bei der Vertiefung in der Arbeitsgemeinschaft sind sowohl private als auch universitäre Arbeitsgemeinschaften angesprochen: Neben Diskussionsthemen, Besprechungsfällen zur Einübung der Fall-Lösungstechnik sowie Hinweisen zu Rollenspielen findet sich im Abschnitt VII auch ein Planspiel zur Gründung eines Vereines. Die Lösungshinweise zu den letzteren Teilen eines jeden Abschnitts sind bewußt knapp gehalten, um nicht mittels vorgefertigter Lösungen die Kreativität der Teilnehmer in der Arbeitsgemeinschaft allzusehr zu lähmen. Bei privaten Arbeitsgemeinschaften sollte jede Aufgabe von einem (wechselnden) "Leiter" nach Absprache vorbereitet werden.

Für ihre wertvollen Anregungen zum Inhalt dieses Arbeitbuches danke ich meinem Kollegen Dr. Rolf Dehmer und insbesondere meiner lieben Frau Ulrike Naunin-Salje.

Peter Salje

Literaturverzeichnis

Bähr, Peter	Grundzüge des Bürgerlichen Rechts, 7. Auflage München 1989 (zitiert: Bähr, Grundzüge BGB)
Brox, Hans	Allgemeiner Teil des Bürgerlichen Gesetzbuches, 13. Auflage Köln/Berlin/Bonn/München 1989 (zitiert: Brox, BGB AT)
Brox, Hans	Allgemeines Schuldrecht, 17. Auflage München 1989 (zitiert: Brox, Allgemeines Schuldrecht)
Brox, Hans	Besonderes Schuldrecht, 15. Auflage München 1989 (zitiert: Brox, Besonderes Schuldrecht)
Diederichsen, Uwe	Die Zwischenprüfung im Bürgerlichen Recht, München 1985 (zitiert: Diederichsen, Zwischenprüfung)
Eisenhardt, Ulrich	Allgemeiner Teil des BGB, 3. Auflage Heidelberg 1989 (zitiert: Eisenhardt, BGB AT)
Emmerich, Volker	BGB-Schuldrecht, Besonderer Teil, Schwerpunkte Band 3, 5. Auflage Karlsruhe 1989 (zitiert: Emmerich, Schwerpunkte Schuldrecht BT)
Fabricius, Fritz	Der Rechtsfall im Privatrecht, 4. Auflage Stuttgart/Berlin/Köln/Mainz 1984 (zitiert: Fabricius, Rechtsfall)
Kaiser, Giesbert	Bürgerliches Recht. Basiswissen und Klausurpraxis für das Studium, 2. Auflage Heidelberg 1986 (zitiert: Kaiser, Bürgerliches Recht)
Klunzinger, Eugen	Einführung in das Bürgerliche Recht. Grundkurs für Studierende der Rechts- und Wirtschaftswissenschaf-

ten, 2. Auflage München 1989 (zitiert: Klunzinger, Einführung BR)

Rüthers, Bernd — Allgemeiner Teil des BGB, 17. Auflage München 1989 (zitiert: Rüthers, BGB AT)

Sauter/Schweyer — Der eingetragene Verein, 13. Auflage München 1986 (zitiert: Sauter/Schweyer, Verein)

Schmelzeisen, Gustaf Klemens — Bürgerliches Recht, 5. Auflage München 1980 (zitiert: Schmelzeisen, Bürgerliches Recht)

Schmidt, Eike / Brüggemeier, Gert — Zivilrechtlicher Grundkurs, 3. Auflage Frankfurt 1989 (zitiert: Schmidt/Brüggemeier, Grundkurs)

Werner, Olaf — Fälle mit Lösungen für Anfänger im Bürgerlichen Recht, 5. Auflage Frankfurt/Main 1986 (zitiert: Werner, Fälle)

Westermann, Harm Peter — BGB-Schuldrecht Allgemeiner Teil, Schwerpunkte Band 2, 3. Auflage Karlsruhe/Heidelberg 1981 (zitiert: H. P. Westermann, Schwerpunkte BGB Schuldrecht AT)

Westermann, Harry — BGB-Allgemeiner Teil, Schwerpunkte Band 1, 5. Auflage Karlsruhe 1983 (zitiert: H. Westermann, Schwerpunkte BGB AT)

Wieser, Eberhard — Übung im Bürgerlichen Recht für Anfänger, 3. Auflage Köln/Berlin/Bonn/München 1986 (zitiert: Wieser, BGB-Übung)

Wörlen, Rainer — Anleitung zur Lösung von Zivilrechtsfällen, Köln/Berlin/Bonn/München 1986 (zitiert: Wörlen, Anleitung)

Abkürzungsverzeichnis

Abs.	Absatz
ADAC	Allgemeiner Deutscher Automobilclub e. V.
AG	je nach Kontext: Aktiengesellschaft, Amtsgericht, Arbeitsgemeinschaft
AGBG	Gesetz zur Regelung des Rechts der Allgemeinen Geschäftsbedingungen
Anm.	Anmerkung
Art.	Artikel
AT	Allgemeiner Teil
BAB	Bundesautobahn
BBU	Bundesvereinigung Bürgerinitiativen Umweltschutz e. V.
BDI	Bundesvereinigung Deutsche Industrie e. V.
Bearb.	Bearbeiter
BGB	Bürgerliches Gesetzbuch
BGH	Bundesgerichtshof
BGHZ	Entscheidungen des Bundesgerichtshofs in Zivilsachen
DFB	Deutscher Fußballbund e. V.
EGBGB	Einführungsgesetz zum BGB
e. V.	eingetragener Verein
GG	Grundgesetz
gg.	gegenüber
Gl.	Gläubiger
GmbH	Gesellschaft mit beschränkter Haftung
GmbHG	Gesetz betreffend die Gesellschaften mit beschränkter Haftung
grds.	grundsätzlich
GS	Gutachtenstil
HGB	Handelsgesetzbuch
hM	herrschende Meinung
i.S.d.	im Sinne des (der)
i.V.m.	in Verbindung mit
JZ	Juristenzeitung
LG	Landgericht
MDR	Monatsschrift des Deutschen Rechts

NJW	Neue Juristische Wochenschrift
NRW	Nordrhein-Westfalen
OHG	Offene Handelsgesellschaft
OLG	Oberlandesgericht
P.	Punkt(e)
RGZ	Entscheidungen des Reichsgerichts in Zivilsachen
Rz.	Randziffer
StGB	Strafgesetzbuch
StVG	Straßenverkehrsgesetz
Top	Tagesordnungspunkt
TÜV	Technische Überwachungsvereine e. V.
U.	Unmöglichkeit
US	Urteilsstil
u. U.	unter Umständen
VM	Vertretungsmacht
WE	Willenserklärung
WM	Wertpapiermitteilungen
ZPO	Zivilprozeßordnung

Inhaltsverzeichnis

ABSCHNITT I: EINFÜHRUNG IN DAS BÜRGERLICHE RECHT

(1) Lernzielbeschreibung

Nach Durcharbeiten dieses Abschnitts sollen Sie

- die Begriffe Recht, Privatrecht und Bürgerliches Recht definieren können;
- Recht vom außerrechtlichen Bereich zu unterscheiden vermögen;
- das Privatrecht vom öffentlichen Recht abgrenzen können;
- die Grundzüge des Aufbaus des BGB und
- die Grundlagen der Rechtsanwendung kennen.

(2) Literaturhinweise

- Bähr, Grundzüge BGB, S. 1 - 28
- Brox, BGB AT, Rz. 1 - 68
- Eisenhardt, BGB AT, Rz. 1 - 27 sowie Rz. 34 - 45
- Kaiser, Bürgerliches Recht, S. 9 - 20 sowie S. 41 -43
- Klunzinger, Einführung BR, S. 1 - 23
- Rüthers, BGB AT, Rz. 1 - 57 sowie Rz. 212 - 264
- Schmidt/Brüggemeier, Grundkurs, S. 1 - 115

(3) Lernfragen

§ 1 Recht, Privatrecht und Bürgerliches Recht

1. Was ist Recht (verschiedene Vorschläge)?

2. Unterscheide Recht im objektiven und im subjektiven Sinn!

3. Welchen Grad an Verbindlichkeit haben
   a) staatliches zwingendes Recht?
   b) staatliches dispositives Recht?
   c) die guten Sitten?
   d) gesellschaftliche Normen?
   Führen Sie jeweils ein Beispiel an!

4. Wie entsteht und wieso spricht man vom hierarchischen Aufbau der Rechtsordnung?

5. Das Bundesarbeitsgericht hat in einer Entscheidung aus dem Jahre 1955 Grundsätze zur Beurteilung der Rechtmäßigkeit von Streiks festgelegt. Eine detaillierte gesetzliche Regelung des Streikrechts fehlt nach wie vor.

    a) Unter welchen Voraussetzungen sind Arbeitskämpfe auf jeden Fall zulässig (vgl. Art. 9 Abs. 3 Satz 3 Grundgesetz)?

    b) Handelt es sich bei den Grundsätzen des Bundesarbeitsgerichts überhaupt um Recht? Wenn ja: Wie sind diese Grundsätze in den hierarchischen Aufbau der Rechtsordnung einzugliedern?

    c) Welche Bedenken können allgemein gegen eine derartige Form der Rechtssetzung geltend gemacht werden?

6. Grenzen Sie das Privatrecht vom öffentlichen Recht ab!
    Gibt es Beispiele, bei denen die einfache Abgrenzungsformel versagt?

7. Zählen Sie alle Rechtsgebiete auf, die Ihnen einfallen, und ordnen Sie sie dem Privatrecht bzw. dem öffentlichen Recht zu!

8. Welchen Teil des Privatrechts bezeichnet man als Bürgerliches Recht?

9. Welche Sondergebiete des Privatrechts kennen Sie?
    a)
    b)
    c)
    d)

§ 2   Das Bürgerliche Gesetzbuch

10. Wann ist das BGB in Kraft getreten? Auf welchen rechtlichen Strömungen beruht es?

11. Welche Grundanschauung liegt dem BGB zugrunde und wie werden die Probleme des sozialen Ausgleichs gelöst?

12. In welche fünf Bücher ist das BGB gegliedert?

13. Welche beiden Regelungstechniken beherrschen das BGB und erschweren teilweise sogar dessen Verständnis?
    a)
    b)

§ 3 Rechtsanwendung

14. Was versteht man unter Subsumtion (eines Lebenssachverhaltes unter eine Rechtsnorm) und welche drei Schritte sind zu unterscheiden?

15. Üben Sie die Subsumtion an folgendem Beispielsfall:
    A verspricht dem B schriftlich, ihm DM 1000,- zu schenken. Als B vierzehn Tage später den A erinnert, will dieser sein Versprechen nicht mehr wahrhaben. Hätte eine Klage des B gegen A auf Zahlung von DM 1000,- Aussicht auf Erfolg?

16. Der Richter am Amtsgericht R kann sich in einem kniffeligen Zivilrechtsstreit nicht entscheiden und beschließt zur Beschleunigung der Aktenerledigung, eine auf Entscheidung des Falles gerichtete dienstliche Weisung des Präsidenten des Landgerichts einzuholen. Was wird der Präsident dem R schreiben?

17. Welche der folgenden Aussagen sind richtig (bitte ankreuzen)?
    a) Erst wenn unter den Parteien eines Zivilprozesses über alle Tatsachen (= den gesamten Lebenssachverhalt) Einigkeit herrscht, überlegt der Richter, ob er eine Beweisaufnahme durchführen soll oder nicht.
    b) Auf ein Vorbringen des Beklagten kommt es dann nicht mehr an, wenn schon das Vorbringen des Klägers unschlüssig ist, d. h. die Klage mangels Anspruchs keinen Erfolg haben kann.
    c) Über alle streitigen Tatsachen muß der Richter Beweis erheben.

d) Nur über rechtserhebliche streitige Tatsachen wird der Richter Beweis erheben.

e) Über Rechtsfragen darf Beweis nicht erhoben werden.

18. Ein Anspruch ist (bitte ankreuzen)

a) die faktische Möglichkeit, von einem anderen ein Tun oder Unterlassen verlangen zu können (vgl. § 194 I BGB);

b) die rechtliche Möglichkeit, gegen einen anderen gerichtlich vorgehen zu können;

c) die rechtliche Möglichkeit, von einem anderen ein Tun oder Unterlassen verlangen zu können

d) auch das Verlangen der Gewerkschaften nach mehr Mitbestimmung.

19. Um festzustellen, ob ein Anspruch besteht, muß zunächst die gesetzliche Norm (der Obersatz) gesucht werden. Zeigen Sie an Hand des § 823 I BGB, welche beiden grundlegend unterschiedlichen Elemente eine jede Rechtsnorm enthält!

20. Unterscheiden Sie im folgenden Fall durch Aufsuchen der maßgeblichen Obersätze zwischen Anspruchsgrundlage, Gegennorm und Hilfsnorm:

A verkauft B einen Schrank, der vereinbarungsgemäß durch den Spediteur S zu B gebracht wird. B verweigert die Annahme, als er feststellt, daß Ober- und Unterteil des Schrankes nicht zusammenpassen.

21. Ordnen Sie die folgenden Gesetzesnormen den untenstehenden Normarten zu:

§§ 433 I und II, 611, 278, 138, 631, 134, 195, 179 I, 193, 630, 823 I und II, 164, 985, 1004 BGB

a) Anspruchsgrundlagen:

b) Gegennormen:

c) Hilfsnormen:

22. Bitte ankreuzen: Mit welcher Normart fängt man bei der Lösung praktischer Fälle am zweckmäßigsten an?

a) Hilfsnorm;   b) Gegennorm;   c) Anspruchsgrundlage

23. A betritt einen Sex-Shop, sucht sich 15 einschlägige Artikel aus, verstaut sie in seiner Einkaufstüte und will ohne zu bezahlen den Laden verlassen. Als der Kassierer Zahlung verlangt, weigert sich A mit dem Hinweis, das ganze Angebot mache einen im höchsten Maße sittenwidrigen Eindruck.
     Welche beiden Normen (Obersätze) sind in welcher Reihenfolge zu prüfen?

24. Welche Methoden der Gesetzesauslegung kennen Sie?

25. Ein Richter stellt eine Lücke im Gesetz fest. Welche beiden Möglichkeiten bestehen zur Ausfüllung der Lücke?

(4) Kontrollfragen

26. Eine Stadt verkauft der Nachbargemeinde ihr altes Feuerwehrauto. Der städtische Rechtsrat überlegt, ob es hierfür eines öffentlichrechtlichen oder eines privatrechtlichen Vertrages bedarf.

27. Welchen Fehler macht der Bearbeiter der folgenden Klausur (Auszug):
     "A könnte gegen B einen Anspruch auf Rückübertragung des verkauften Gemäldes unter dem Gesichtspunkt der Anfechtung (§§ 119 ff. BGB) haben, wenn sich A beim Verkauf geirrt haben sollte."

28. Was spricht für, was gegen die strikte Verbindlichkeit der folgenden Normen?
     a) § 138 I BGB
     b) §§ 459, 462 BGB
     c) §§ 104, 105 BGB
     d) § 448 BGB

29. Übungsfall (nicht zur klausurmäßigen Bearbeitung, sondern zur Ermittlung von Anspruchsgrundlagen und Gegennormen):
     E hat außer seiner Ehefrau A auch noch eine Geliebte G. Als er stirbt, stellt die Ehefrau A zu ihrem Entsetzen fest, daß E der G ein Vermächtnis ausgesetzt hat. Es handelt sich dabei um das Gemälde "Junge Naive im Garten" von Adolf Prenzel. Als

die G das Gemälde herausverlangt, weigert sich A mit der Begründung, das Bild erinnere sie an gemeinsame schöne Stunden mit dem E; sie wolle es unbedingt behalten. Hat die G einen Herausgabeanspruch?

(5) Zur Vertiefung in der Arbeitsgemeinschaft

30. Diskutieren Sie folgende These:
"Recht ist nicht das Substrat animalischen Verhaltens, sondern intellektuelle, kulturelle Leistung, ist bewußte Gestaltung."

31. Stud. jur. S befährt nachts mit seinem PKW ordnungsgemäß eine Kreisstraße. Als er gerade dabei ist, den langsameren X zu überholen, sieht er plötzlich und ohne Vorwarnung einen umgestürzten Baum vor sich auf der Fahrbahn liegen, der die Überholfahrbahn teilweise blockiert. Trotz eines energischen Bremsmanövers kann S die Kollision nicht verhindern. Durch den Abprall gerät S auch noch in die Fahrspur des X. Durch diesen Zusammenstoß wird X verletzt; ob die schweren Verletzungen des S auf die Kollision mit dem Baum oder die daran anschließende mit X zurückzuführen sind, steht derzeit noch nicht fest. Beide Fahrer machen gegen ihre jeweiligen Versicherungen (S-Versicherung, X-Versicherung) Ansprüche auf Schadensersatz (Heilungskosten, Schmerzensgeld, Reparaturkosten, Nutzungsausfall) geltend. Die Versicherungen überlegen, ob ein Vorgehen gegen den für die Unterhaltung der Straße zuständigen Kreis K erfolgversprechend erscheint. Die Staatsanwaltschaft in K, der das positive Ergebnis einer Blutprobe des X zugegangen ist, überlegt, ob und gegen wen Anklage erhoben werden muß. Die Polizei hat dem X inzwischen den Führerschein weggenommen. Der Arbeitgeber A des X will den Lohn nicht weiterzahlen; X wendet sich deswegen an die Gewerkschaft G.

Aufgaben:

a) Bilden Sie kleine Gruppen, die jeweils eines der beteiligten Interessen vertreten. Je nach Anzahl der Teilnehmer der Arbeitsgemeinschaft können dabei Personen weggelassen oder hinzugefügt werden (z. B. Rechtsanwälte der Beteiligten; Universität U, die den S exmatrikulieren will, usw.).

b) Jede Gruppe bereitet den Sach- und Streitstoff (Sachverhalt, eventuell Anspruchsgrundlagen und Gegennormen usw., aber <u>keine</u> gutachtliche Prüfung) aus ihrer
Sicht vor (ca. 10 - 15 Min.) Ein Sprecher wird gewählt.

c) In der vom AG-Leiter als zweckmäßig festgelegten Reihenfolge verhandeln die
Gruppen miteinander. Der Sprecher wird durch die Argumente der anderen
Gruppenmitglieder unterstützt. Jeweilige Dauer der Einzelverhandlungen in kurzer
Rede und Gegenrede: ca. 5 - 10 Min. (Unterbrechung durch den AG-Leiter)

d) Ziel der Verhandlungen ist es nicht, den Fall zu lösen oder durch Dauerreden
"Recht zu bekommen". Ziele sind vielmehr:

- Einübung einer zusammenfassenden Darstellung des Sachverhalts aus der Sicht der
  jeweiligen Gruppe
- Auffinden von Argumenten und Gegenargumenten, die den eigenen Standpunkt
  stützen könnten
- Herausarbeitung der Punkte, über die Streit besteht
- Auffinden der institutionellen Möglichkeiten, den Streit beizulegen
- abschließendes Ziel: Einsicht in die Vielfalt der unterschiedlichen Rechtsgebiete,
  Normen und Interessenlagen, die aus einem einzigen Lebenssachverhalt folgen,
  wobei insbesondere die Verzahnung deutlich werden sollte.

ABSCHNITT II: RECHTSGESCHÄFTE, INSBESONDERE VERTRÄGE

(1) Lernzielbeschreibung

Nach Durcharbeiten dieses Abschnitts sollen Sie

- die wichtigsten Arten von Rechtsgeschäften kennen;
- das Zustandekommen eines Vertrages durch Angebot und Annahme nachvollziehen können;
- den inneren und äußeren Tatbestand der Willenserklärung sowie deren Wirksamwerden erläutern können;
- zwischen Verpflichtungs- und Verfügungsgeschäften unterscheiden sowie
- zur Auslegung von Rechtsgeschäften Stellung nehmen können.

(2) Literaturhinweise

- Bähr, Grundzüge BGB, S. 51 - 84
- Brox, BGB AT, Rz. 69 - 202
- Eisenhardt, BGB AT, Rz. 46 - 97, 129 - 141 sowie Rz. 142 - 148
- Kaiser, Bürgerliches Recht, S. 21 - 23, 28 - 32 sowie S. 44 - 50
- Klunzinger, Einführung BR, S. 55 - 88
- Rüthers, BGB AT, Rz. 190 - 293 sowie 428 - 456
- Schmidt/Brüggemeier, Grundkurs, S. 117 - 124 sowie S. 147 - 152
- H. Westermann, Schwerpunkte BGB AT, S. 68 - 78

(3) Lernfragen

§ 1 Die Arten des Rechtsgeschäfts

1. A möchte sein altes Klavier loswerden und stellt es auf die Straße. B sieht es dort, lädt es auf und verkauft es an C. Welchen beiden Gruppen von (erlaubten) Rechtshandlungen würden Sie die Tätigkeiten von A und B zuordnen?

2. Setzen Sie die zutreffenden Begriffe in die offenen Felder der umseitigen schematischen Darstellung ein und geben Sie für jeden Begriff jeweils ein Beispiel!

.... ist ein Tatbestand, der regelmäßig eine oder mehrere Willenserklärungen (u. U. noch weitere Tatbestandsmerkmale) enthält und auf Grund dessen nach der Rechtsordnung eine Rechtswirkung deshalb eintritt, weil sie in der Erklärung als gewollt bezeichnet ist (Beispiel:).

<u>einseitige</u>
(Beispiel:)

<u>mehrseitige</u>

Ein...............erfordert übereinstimmende wechselseitige Willenserklärungen von mindestens zwei Personen

(Beispiel:)

Ein..................... setzt übereinstimmende gleichgerichtete WEen von mindestens 2 Personen voraus

(Beispiel:)

Ein..................... enthält gleichgerichtete, parallel abzugebende WEen mehrerer Personen einer Personenvereinigung

(Beispiel:)

<u>schuldrechtl.</u>
(Beispiel:)

<u>sonstige</u>
(Beispiel:)

<u>gegenseitiger</u>
(Beispiel:)

<u>einseitig verpflichtender</u>
(Beispiel:)

3. Wofür ist die Unterscheidung von Rechtsgeschäft und Realakt von Bedeutung?

4. Welche Bestandteile (z. B. Willenserklärung, Realakt) haben jeweils die folgenden Rechtsgeschäfte?

    a) M kündigt seine Wohnung.

    b) V und K schließen einen Kaufvertrag über eine Vase zum Preis von DM 50.

    c) Nach Einigung zum Zwecke der Eigentumsverschaffung übergibt V dem K die Vase, und K gibt dem V das Geld.

    d) A eignet sich eine herrenlose Sache an.

    e) T beschädigt mit seinem Wagen den PKW des O.

    f) Die Eheleute M kündigen ihre Wohnung.

    g) A stellt sein altes, schrottreifes Auto auf einem öffentlichen Parkplatz ab und wirft Schlüssel sowie Wagenpapiere in den nahegelegenen Fluß.

    h) A-Z sind Wohnungseigentümer des Hauses Bahnhofstraße 17. Bei der Abstimmung über eine Änderung der Hausordnung wird A überstimmt.

§ 2   **Verträge und Vertragsfreiheit**

5. Jeder gültige Vertrag setzt eine Einigung der Vertragsparteien voraus. Wie nennt man die auf den Abschluß eines (zweiseitigen) Vertrages gerichteten beiden Willenserklärungen?

6. Geben Sie fünf Beispiele für Schuldverträge!

7. Welches sind die wesentlichen Elemente (sog. essentialia negotii) der folgenden Vertragstypen?

    a) Kaufvertrag

    b) Mietvertrag

    c) Werkvertrag

    d) Dienstvertrag

8. Welche beiden Formen der Vertragsfreiheit kennen Sie? Welchen ideengeschichtlichen Hintergrund hat die Vertrags- und Gewerbefreiheit?

9. Welche konkreten Ausnahmen kennen Sie jeweils von dem Grundsatz

   a) der Abschlußfreiheit?

   b) der Gestaltungsfreiheit?

§ 3   Willenserklärungen

10. Definieren Sie den Begriff der Willenserklärung!

11. Aus welchen beiden (Haupt-)Elementen besteht die Willenserklärung?

12. In welchem der folgenden Fälle ist das Vorliegen einer Willenserklärung zu bejahen?

    a) A nimmt sich innerlich vor, das Auto des B zu beschädigen, und setzt diese Willensentschließung sofort in die Tat um.

    b) M kündigt seine Wohnung.

    c) V stellt in seinem Schaufenster einen Barockschrank zum Preise von DM 10.000,- aus.

    d) Das Finanzamt erläßt einen Bescheid, wonach E DM 5.373,- an Einkommensteuer nachzuzahlen hat.

    e) Die Eheleute M kündigen ihre Wohnung.

    f) F gibt gemäß § 856 BGB den Besitz an einem veralteten Schönfelder auf, indem er ihn in die Mülltonne wirft.

13. Welche drei Elemente enthält der innere Tatbestand einer Willenserklärung? Welche davon sind unbedingt notwendige Elemente, ohne die eine Willenserklärung nicht vorliegt?

14. Prüfen Sie an Hand der folgenden Fälle, ob das Vorliegen der drei Elemente des inneren Tatbestandes einer Willenserklärung zu bejahen ist. In welchen Fällen liegt eine Willenserklärung nicht vor?

    a) Trierer Weinversteigerung: A ist ortsfremd und kennt die Gepflogenheiten bei Auktionen nicht. Als er eine Weinversteigerung in Trier besucht und seinem

Freund F zuwinkt, erteilt ihm der Auktionator den Zuschlag für 10.000 Flaschen Wein.

b) Der Magier M versetzt den A während einer Séance in Hypnose und bringt ihn in diesem Zustand dazu, einen Kaufvertrag über die Belieferung mit 50 Litern Ginsengwurzel-Extrakt zu unterschreiben.

c) Der weltberühmte Schlagersänger S hält eine Pressekonferenz ab und gibt anschließend Autogramme. Dabei setzt er seine Unterschrift auch auf einen Wechsel, der von A durch Überkleben mit einem Foto so geschickt präpariert worden ist, daß S die Manipulation nicht bemerkt.

d) A erhält von seinem Weinhändler unaufgefordert eine Kiste mit 20 Flaschen. Er liest das Begleitschreiben nicht; weil er meint, es handele sich um ein Werbegeschenk, unterschreibt er auch arglos die beigefügte Empfangsbestätigung, die aber die Bestätigung des Kaufs der 20 Flaschen enthält.

15. Gilt Schweigen auf ein Vertragsangebot als Annahme des Vertrages? Gilt dieser Grundsatz auch für Kaufleute?

16. Geben Sie je ein Beispiel für eine empfangsbedürftige und eine nicht empfangsbedürftige Willenserklärung!

17. Nennen Sie ein Beispiel für eine geschäftsähnliche Handlung!

§ 4 Verpflichtungs- und Verfügungsgeschäft

18. Erläutern Sie die beiden grundlegenden Unterschiede zwischen einem Verpflichtungsgeschäft und einem Verfügungsgeschäft!

19. Bei welchen der im folgenden aufgeführten Rechtsgeschäfte handelt es sich um Verpflichtungsgeschäfte, bei welchen um Verfügungsgeschäfte?

a) K schließt mit V einen Kaufvertrag.

b) V übereignet dem K den Kaufgegenstand.

c) V läßt dem K ein Grundstück auf (§§ 873, 925 BGB), worauf der Eigentumswechsel im Grundbuch eingetragen wird.

d) In ein- und derselben notariellen Urkunde verkauft V dem K sein Grundstück, läßt es diesem auf und bewilligt die Eintragung des Eigentumswechsels im Grundbuch, die dann auch erfolgt.

e) Z_1 tritt dem Z_2 die Forderung ab, die Z_1 gegen S hat.

f) A läßt sein altes Auto stehen und wirft Schlüssel und Wagenpapiere weg.

g) Anläßlich eines Verkehrsunfalles verspricht der Schädiger A dem Geschädigten B, ohne Rücksicht auf die Schuldfrage dem B dessen gesamten Schaden zu ersetzen.

h) E räumt dem P ein Pfandrecht an seiner goldenen Uhr ein.

20. Welche der folgenden Aussagen trifft zu (bitte ankreuzen)?

a) Grund (causa) eines Rechtsgeschäfts ist das Motiv, von dem sich die Handelnden leiten lassen.

b) Rechtsgeschäfte, die den Rechtsgrund für die Zuwendung eines Vermögensgegenstandes in sich tragen, nennt man Kausalgeschäfte.

c) Alle Verpflichtungsgeschäfte sind Kausalgeschäfte.

d) Scheck und Wechsel sind abstrakte Geschäfte, weil sie unabhängig (losgelöst) vom Rechtsgrund der Zuwendung bestehen können.

e) Abstrakten Geschäften liegt niemals ein Rechtsgrund zugrunde.

21. Wieviele Rechtsgeschäfte kommen zustande, wenn K sich am Kiosk des V eine Zeitung kauft?

22. Beschreiben Sie Wirkungsweise und gesetzgeberischen Grund des Abstraktionsprinzips!

§ 5   Auslegung

23. Auslegung des Rechtsgeschäfts: Wie ist vorzugehen (Zutreffendes bitte ankreuzen)?

a) Zuerst ist eine ergänzende Vertragsauslegung vorzunehmen, indem nach Erforschung des wirklichen Willens des Erklärenden auch auf die Interessen des Erklärungsempfängers Rücksicht zu nehmen ist.

b) Die Auslegung von Willenserklärungen und Verträgen muß sich eng an deren Wortlaut halten.

c) Zuerst ist im Wege der einfachen Auslegung ausgehend von den jeweiligen Willenserklärungen der natürliche Wille des Erklärenden festzustellen; dabei sind aber zusätzlich die Interessen des Erklärungsempfängers zu berücksichtigen, indem im Wege der normativen Auslegung die objektive Bedeutung der Erklärung aus der Sicht des Erklärungsempfängers festgestellt wird. Erst danach kommt eine ergänzende (Vertrags-)Auslegung in Betracht, wenn eine Lücke im Vertrag besteht, die der Richter unter Berücksichtigung aller Umstände des Einzelfalles zu schließen berechtigt ist.

24. Wann wird eine empfangsbedürftige Willenserklärung
    a) unter Anwesenden
    b) unter Abwesenden
    wirksam?

25. Geben Sie eine Definition des Zugangs einer Willenserklärung! Kann der Zugang verhindert werden, indem man Schriftstücke nicht liest oder deren Annahme verweigert?

(4) Kontrollfragen

26. Das örtliche Elektrizitätsversorgungsunternehmen hat dem Tarifabnehmer A den Strom mit der Begründung gesperrt, der A habe seine Rechnung nicht pünktlich bezahlt. Als A dies schleunigst nachholt und danach die Wiederbelieferung mit Strom verlangt, lehnt das Versorgungsunternehmen unter Hinweis auf die Vertragsfreiheit ab: Mit einem derart unsicheren Kunden wolle man keine Verträge mehr schließen. Was kann A dagegen unternehmen?

27. K hat im Kaufhaus V-AG einen Pelzmantel gekauft, den er seiner Frau zum Geburtstag schenken möchte. Bei der Anprobe stellte Frau K fest, daß ihr der Mantel paßt; jedoch gefällt ihr die dunkle Farbe des Pelzes nicht. Herr K bringt den Mantel zum Kaufhaus zurück, um ihn gegen einen helleren umzutauschen. Der Verkäufer, der fünf Semester Jura studiert hat, verweigert den Umtausch unter Hinweis auf den römisch-rechtlichen Grundsatz "pacta sunt servanda". Muß K den gekauften Mantel behalten?

28. K sieht im Schaufenster des V ein altes holländisches Gemälde zum äußerst günstigen Preis von DM 9.000,- angeboten. Unmittelbar bei Geschäftseröffnung stürzt er in das Verkaufslokal, ruft dem Geschäftsführer zu "Ich nehme Ihr Angebot über DM 9.000,- an" und verlangt, ihm möge das Gemälde eingepackt werden. Der Geschäftsführer verweigert die Übergabe als er feststellt, daß das Lehrmädchen bei der Preisauszeichnung eine Null vergessen hat; der wahre Preis beträgt DM 90.000,-. K besteht auf Einhaltung des Kaufvertrages über DM 9.000,-. Zu recht?

29. Der Kunsthändler E möchte seinem 17jährigen Neffen zu Weihnachten ein Geschenk machen und schickt ihm deshalb einen wertvollen alten Stich zu. Da dem Neffen N der Stich gefällt, hängt er ihn gleich an der Wand seines Zimmers auf; er weiß nicht, daß der E verstorben ist, noch bevor der Stich bei ihm eintraf. Der Sohn S des E, der diesen beerbt hat, sieht einige Zeit später den Stich bei N hängen und verlangt die Rückgabe.

(5) Zur Vertiefung in der Arbeitsgemeinschaft

30. Diskutieren Sie folgende These:
"Die Privatautonomie ist der entscheidende Grundgedanke des Bürgerlichen Rechts. Nur die allumfassende Durchsetzung dieses Grundgedankens in allen Lebensbereichen wird einen größtmöglichen Freiheitsraum für alle Bürger schaffen und sichern helfen."

31. Rollenspiel "Reklamation". Stellen Sie sich die folgende Situation vor:
K hat beim Versandhändler Quellenmann im August 1989 ein rotes Radio bestellt, um es seiner Nichte N zu Weihnachten zu schenken. Nichts rührt sich. Als K im Februar 1990 die Angelegenheit schon fast vergessen hat, trifft plötzlich das Radio ein: Die Frau des K nimmt das an ihn adressierte Paket gegen Zahlung des Nachnahmebetrages von DM 150,- entgegen, wobei sie an ihren bevorstehenden Geburtstag denkt.

Als K nach Hause kommt, macht er seiner Frau Vorwürfe. Er klemmt sich das noch immer verpackte Radio unter den Arm und eilt zur örtlichen Quellenmann-Niederlassung, wo er den Geschäftsführer V antrifft.

Spielhinweise:

Je eine Person übernehmen die Rollen des K und des V (möglich ist mehrmaliges Spielen und/oder die Hinzuziehung von "Hilfspersonen" auf jeder Seite: Sekretärin, Verkäuferin; Frau des K). Versetzen Sie sich in die Interessenlage jeder Person.

a) V hat wenig Zeit. Er will K so schnell wie möglich "abwimmeln", ohne ihn als Kunden zu verlieren. Zu seinem Repertoire gehören:

- Lob der Ware (Spitzengerät, Wertarbeit, extrem günstiges Sonderangebot)
- "gekauft ist gekauft"
- für alle Reklamationen ist die Zentrale in M-Stadt zuständig
- bei Massenproduktion muß man mit kleinen Farbabweichungen rechnen
- unser Kundendienst - sauber, schnell und preiswert - wird die Reparatur baldmöglichst durchführen
- das Wort "Wandlung" habe ich noch nie gehört; auf so etwas lassen wir uns grundsätzlich nicht ein
- schlimmstenfalls würde sich V zu einer Gutschrift des Kaufpreises bereiterklären.

b) K hat Zeit, will das Radio auf keinen Fall behalten und das Geld sofort zurückhaben:

- das Radio ist zu spät geliefert worden, insbesondere als Weihnachtsgeschenk völlig untauglich
- nach Auspacken stellt sich das Radio als grün heraus
- K will wandeln, weil das Radio auch nicht funktioniert
- außerdem ist das Radio inzwischen veraltet (neues Modell im neuesten Katalog)
- K will nie mehr bei Quellenmann kaufen, wenn das Radio nicht sofort zurückgenommen wird

Nach Abschluß einer Spielrunde diskutieren und bewerten alle Teilnehmer der AG Vortrag und Begründung der jeweiligen Anliegen von V und K. Der Fall wird mit Hilfestellung durch den AG-Leiter rechtlich gelöst.

32. Fall zur ersten Einführung in die klausurmäßige Bearbeitung von Fällen:

A ist Inhaber eines Buchantiquariats. Er bietet dem Kunden K mit Schreiben vom 14.10. ein Exemplar der Ausgabe Goethe letzter Hand zum Preis von DM 6.000,- an. K erwidert auf das Angebot mit Schreiben vom 16.10., daß er dieses Exemplar erwerben wolle und A ihm die Bände zusenden solle.

Am 17.10. erfährt K von seinem Bekannten B, daß die Ausgabe in anderen Antiquariaten zu Preisen zwischen DM 4.000,- und 4.500,- erhältlich sei. K ist über den, wie er meint, unverschämten Preis des A verärgert und telegraphiert an A: "Widerrufe die in meinem Brief vom 16.10. erklärte Annahme; habe mich über Marktpreis der Ausgabe geirrt."

Der Brief des K wird bei A am 17.10 vormittags mit der normalen Postzustellung, das Telegramm abends gegen 20.00 Uhr in den Geschäftsbriefkasten eingeworfen. A ist am 17.10. auf Geschäftsreise und hatte sein Geschäft geschlossen, da er ohne Angestellte arbeitet. A findet daher Telegramm und Brief erst am Morgen des 18.10. A liest erst das Telegramm und dann den Brief. Durch eine Rückfrage bei der Post erfährt A die Zustellungsdaten für Brief und Telegramm.

A übersendet daraufhin die Ausgabe an K mit folgendem Begleitschreiben: "Anliegend übersende ich Ihnen die gewünschte Ausgabe Goethe letzter Hand und bitte um baldige Überweisung der beigefügten Rechnung in Höhe von DM 6.000,- an mich."

K ist über die Zusendung und das Begleitschreiben empört. Er ist der Auffassung, er habe seine Annahmeerklärung rechtzeitig widerrufen, zumindest aber wirksam angefochten.

Wie ist die Rechtslage?

Der AG-Leiter erläutert vorab Sinn und Zweck von Stoffsammlung und Gliederung (vgl. dazu ausführlich den Abschnitt IV). Er bittet die Teilnehmer (schriftlich einzeln oder Bearbeitung in Kleingruppen), zunächst den 1. Problemkreis (Zustandekommen des Vertrages und dann den 2. Problemkreis (Gegennormen) zu durchdenken. Nach jedem Bearbeitungsschritt (Problemkreis) erfolgt sofort die Besprechung. Insgesamt steht dabei noch nicht die korrekte Lösung im Vordergrund; vielmehr ist der Schwerpunkt auf die Art und Weise der Aufbereitung der Probleme zu legen.

ABSCHNITT III: **GRUNDZÜGE DES RECHTS DER UNERLAUBTEN HANDLUNG**
UND DES RECHTS DER LEISTUNGSSTÖRUNGEN

(1) Lernzielbeschreibung

Nach Durcharbeiten dieses Abschnitts sollen Sie

- zum Handlungsbegriff Stellung nehmen können;

- Tatbestand und Rechtsfolge des § 823 I wiedergeben können;

- absolute Rechtsgüter vom nicht geschützten Vermögen abgrenzen können;

- die wichtigsten Kausalitätstheorien kennen;

- die wichtigsten Rechtfertigungsgründe kennen;

- Unmöglichkeit und Verzug als Hauptfälle des Rechts der Leistungsstörungen in ihren Voraussetzungen und Rechtsfolgen wiedergeben können;

- die Voraussetzungen der positiven Forderungsverletzung nennen können.

(2) Literaturhinweise

- Bähr, Grundzüge BGB, S. 291 - 344 sowie S. 182 - 244

- Brox, Besonderes Schuldrecht, Rz. 436 - 525

- Brox, Allgemeines Schuldrecht, Rz. 215 - 363a

- Emmerich, Schwerpunkte Schuldrecht BT, S. 264 - 331

- Klunzinger, Einführung BR, S. 378 - 398 sowie S. 231 - 256

- Schmelzeisen, Bürgerliches Recht, S. 121 - 136 sowie S. 253 - 274

- Schmidt/Brüggemeier, Grundkurs, S. 275 - 323, 355 - 388, 176 - 186 sowie S. 190 - 206

- H. P. Westermann, Schwerpunkte BGB Schuldrecht AT, S. 36 - 121

(3) Lernfragen

§ 1   Unerlaubte Handlungen

1.1. Handlungsbegriff

1.   Definieren Sie den Begriff der (menschlichen) Handlung!

2. Welche der folgenden menschlichen Verhaltensweisen unterfallen dem Handlungsbegriff (bitte Anzahl der Handlungen je Fall angeben)?

   a) Anläßlich eines Wirtshausstreits gießt A dem B Bier ins Gesicht, worauf B den A
      mit dem Bierseidel auf den Kopf schlägt. C, der Vater des A, verhindert den
      Schlag nicht, obwohl er direkt neben den beiden steht.

   b) Als der Facharzt Dr. F beim Patienten P die Reflexe prüfen will und dabei mit
      dem Gummihämmerchen auf den Punkt unterhalb der Kniescheibe schlägt,
      schnellt der Fuß des P gegen das Schienbein von Dr. F.

   c) V sieht den O schwerverletzt auf der Fahrbahn liegen. Da er es eilig hat, hält er
      nicht an.

3. Worin unterscheiden sich positives Tun und Unterlassen als Anknüpfungspunkte für
   unerlaubte Handlungen? Gehen Sie insbesondere auf die rechtliche Gleichwertigkeit
   dieser beiden Formen menschlichen Verhaltens ein!

   1.2. Tatbestand des § 823 I BGB

4. Aus § 823 I BGB lassen sich folgende, bei der Subsumtion bedeutsame allgemeine
   Voraussetzungen gewinnen (Prüfschema zu § 823 I BGB):
   I. Tatbestand
      1. Verletzungshandlung ....
      2. (verletztes) absolutes Rechtsgut: ....
         ....
      3. Verknüpfung zwischen Verletzungshandlung und verletztem Rechtsgut (sog.
         Kausalität): ....
   II. Rechtswidrigkeit: ....
   III. Verschulden: ....
   IV. Schaden (einschließlich Verknüpfung zur Rechtsverletzung):
      ....

   Ordnen Sie die folgenden, unmittelbar dem Text des § 823 I BGB entnommenen
   Wörter den allgemeinen Voraussetzungen des vorstehenden Prüfschemas zu:
      - Freiheit
      - vorsätzlich

- wer .... verletzt

- Gesundheit

- daraus

- sonstiges Recht

- Körper

- Schaden

- fahrlässig

- Leben

- Eigentum

- widerrechtlich

5. Würden Sie im folgenden Fall die Verletzung eines absoluten Rechtsgutes bejahen (bitte ankreuzen)? Bitte geben Sie in Klammern das verletzte Rechtsgut an!

   a) A beschädigt bei einem Verkehrsunfall das Auto des B. Die im Wagen sitzende Ehefrau des B wird verletzt.

   b) Die Illustrierte C schreibt über die Fernsehansagerin F, sie sehe aus wie eine ausgemolkene Ziege und bei ihrem Anblick werde dem Zuschauer die Milch sauer.

   c) Als ein Bagger des Bauunternehmers F versehentlich bei Ausschachtungsarbeiten ein Stromkabel beschädigt, fällt im Gewerbebetrieb des G der Strom aus, worauf die Produktion für sechs Stunden stockt (Schaden einschließlich entgangenem Gewinn: DM 50.000,-).

   d) A will einen wertvollen Perserteppich kaufen, den er unter Mitnahme eines Gewinns von DM 5.000,- weiterveräußern könnte. Ins Verkaufsgespräch mischt sich der zufällig anwesende B, spielt sich als Fachmann auf und rät dem A, den von ihm als unecht bezeichneten Teppich nicht zu kaufen. Nachdem A daraufhin vom Kauf Abstand nimmt, kauft B den (tatsächlich echten) Teppich selbst und veräußert ihn mit Gewinn weiter.

1.3. Kausalität

6. Sinn der Kausalitätstheorien ist es (bitte ankreuzen)

a) festzulegen, für genau welche Verletzungen und für genau welche Schäden der Verletzer haften soll;

b) Umstände auszusortieren, für die der Schädiger billigerweise nicht einstehen soll;

c) festzulegen, was im praktischen Fall Ursache und was Wirkung ist;

d) die Verknüpfung zwischen Handlung und Erfolg bzw. zwischen Handlung/Erfolg und Schaden herzustellen.

7. Im folgenden werden zwei Möglichkeiten beschrieben, bestimmte verursachende Handlungen einer eingetretenen, verursachten Rechtsverletzung zuzurechnen (Kausalitätstheorien). Geben Sie hinter jeder Umschreibung an, wie die Theorie heißt! Geben Sie zusätzlich noch an, auf welchem Rechtsgebiet die jeweilige Theorie Verwendung findet!

   a) Ursächlich ist jede Bedingung, die nicht hinweggedacht werden kann, ohne daß der Erfolg entfiele

   (...................; verwendet im Rechtsgebiet ....)

   b) Ursächlich ist ein Umstand dann, wenn es nach der allgemeinen Lebenserfahrung nicht als gänzlich ausgeschlossen erscheint, daß der Erfolg aufgrund dieses Umstandes eintreten konnte (...................; verwendet im Rechtsgebiet ....)

8. Erläutern Sie Umfang und Reichweite der beiden Kausalitätstheorien an Hand des folgenden Falles:

   A verschuldet einen Verkehrsunfall, bei dem das Kind K tödlich verletzt wird. Als die Mutter des K die traurige Nachricht erfährt, erleidet sie einen Nervenschock und muß für vierzehn Tage ins Krankenhaus.

   a) Muß A für die Behandlungskosten aufkommen?

   b) Wie wäre es bei Behandlungskosten, die aus Anlaß eines Nervenschocks der Nachbarin N entstehen, die die traurige Nachricht mitangehört hat?

9. Wie wäre folgender Fall hinsichtlich der Kausalität für das Strafrecht bzw. für das Zivilrecht zu beurteilen?

   A und B geben unabhängig und ohne Wissen voneinander dem X eine Dosis Gift, um ihn zu ermorden. Sie wissen jedoch nicht, daß die jeweils von ihnen verabreichte

Dosis für sich allein gesehen <u>nicht</u> ausreichend ist, um den X zu töten. Erst das Zusammentreffen beider Giftmengen führt schließlich zum Tod des X. War das jeweilige Handeln von A und B - für sich genommen - kausal für den Tod des X? Begründen Sie Ihre Ansicht!

a) Strafrecht: § 211 StGB

b) Zivilrecht: § 823 I BGB

1.4. Verletzung von Schutzgesetzen

10. Wie stellen Sie fest, ob eine konkrete Norm Schutzgesetz im Sinne des § 823 II BGB ist? Nennen Sie drei Beispiele!

11. A betreibt eine Kegelbahn und ist jeden Abend voll ausgebucht. Durch Verfügung der zuständigen Behörde ist ihm aufgegeben, durch im einzelnen angeführte Umbaumaßnahmen den Lärmpegel auf die Höchstgrenze von 35 Dezibel zu senken, wobei als Meßstelle das nur durch eine Zwischenwand von der Kegelbahn getrennte Schlafzimmer im Hause des B dient. A hält sich nicht an die Verfügung. Die Behörde unternimmt nichts, weil der zuständige Sachbearbeiter einen längeren Kuraufenthalt angetreten hat.

    Kann B von A Geldersatz für eigene Schalldämmungsmaßnahmen und zusätzlich Schmerzensgeld verlangen, wenn der Lärm im Schlafzimmer des B um Mitternacht nach wie vor 85 Dezibel beträgt? Dabei ist zu unterstellen, daß die Verfügung zu Recht ergangen ist.

1.5. Rechtswidrigkeit

12. Die Rechtswidrigkeit ist bei unerlaubten Handlungen in der Regel "indiziert", d. h. sie braucht nicht besonders geprüft zu werden, wenn eines der in § 823 Abs. 1 BGB genannten absoluten Rechtsgüter verletzt wurde. Welche beiden Ausnahmen kennen Sie von diesem Grundsatz?

13. Nennen Sie drei wichtige Rechtfertigungsgründe!

14. A befährt mit seinem PKW eine vorfahrtsberechtigte Straße. An einer Kreuzung biegt der B plötzlich und ohne Beachtung der Vorfahrt des A in die Hauptstraße ein. Es kommt zum Zusammenstoß. In bezug auf eine mögliche Inanspruchnahme durch B, dessen Fahrzeug erheblich beschädigt wurde, bittet A um ein Rechtsgutachten, das ausschließlich unter dem Gesichtspunkt des § 823 Abs. 1 BGB erstattet werden soll.

1.6. Verschulden

15. Welche beiden Schuldformen kennt das BGB und wie sind sie jeweils definiert?

16. Welche Vorschriften müssen im Rahmen der Verschuldensprüfung zusätzlich untersucht werden, wenn der Schaden durch einen beschränkt Geschäftsfähigen im Sinne des § 106 BGB verursacht wurde?

17. Der sechsjährige Fritz ist für sein Alter schon recht kräftig. Von seinem drei Jahre älteren Freund Peter hat er gelernt, wie man Automaten aufbricht. Als die beiden wieder einmal zusammen tätig sind und dabei zu großen Lärm verursachen, werden sie auf frischer Tat ertappt. Fritz und Peter hatten dem Automaten des W soeben 200 Zigaretten sowie DM 55,- entnommen; der Zigarettenautomat ist erheblich beschädigt. Hat W irgendwelche Ansprüche gegen Fritz und Peter?

18. Kommt es bei Verkehrsunfällen durch Kraftfahrzeuge auf ein mögliches Verschulden des Fahrers an?

1.7. Schaden

19. Wo ist geregelt, welche Schäden ersetzt werden können?

20. Wieso spielt die sog. Differenzhypothese bei der Schadensberechnung eine Rolle?

21. Ist im Rahmen der Schadensprüfung die Kausalität überhaupt relevant? Was besagt die Lehre vom Schutzzweck der Norm?

22. Nach welcher Norm und unter Zugrundelegung welcher Kriterien kann der Richter im Rahmen von Schadensersatzansprüchen ein Mitverschulden des Geschädigten berücksichtigen?

§ 2   Leistungsstörungen

2.1. Allgemeines

23. Im Recht der Leistungsstörungen geht es um Rechtsfolgen, die durch Pflichtverletzungen im Rahmen von Vertragsverhältnissen (Schuldverträgen) ausgelöst werden. Dabei ist dieselbe dreistufige Prüfungsstruktur festzustellen, wie sie Ihnen aus dem Recht der unerlaubten Handlung bereits bekannt ist:

Recht der unerlaubten Handlung	Recht der Leistungsstörungen
I. Tatbestand: Verletzung eines <u>absoluten Rechtsguts</u>	Verletzung einer <u>Vertragspflicht</u>: Nichtlieferung, verspätete Lieferung oder Verletzung von vertraglichen Nebenpflichten
II. Rechtswidrigkeit	Vertragswidrigkeit = Rechtswidrigkeit
III. Verschulden	Verschulden (nicht in allen Fällen erforderlich)

Würden Sie meinen, daß für die Verletzung von Vertragspflichten

a) schärfer

b) weniger scharf

zu haften ist, wenn man diese Voraussetzungen miteinander vergleicht?

24. Unmöglichkeit, Verzug und positive Vertragsverletzung (pVV, besser: positive Forderungsverletzung) stellen die wichtigsten Falltypen im Recht der Leistungsstörungen dar. Welche typischen Fälle von Vertragspflichtverletzungen regeln diese drei Rechtsinstitute (bitte jeweils ein Beispiel)? Wird auch die Schlechtleistung (z. B. mangelhafte Kaufsache) erfaßt?

In welchem Verhältnis stehen diese drei Regelungsinstrumente zueinander?

25. Zeigen Sie an Hand der §§ 275 I und II, 279, 280, 284/285, 323, 324 und 325 BGB, daß in der Tat Unmöglichkeit und Verzug dieselbe innere Regelungsstruktur (Voraussetzungen) wie die Haftungsnorm des § 823 I BGB aufweisen, wobei allerdings im Rahmen von vertraglichen Leistungsstörungen die Rechtswidrigkeit (Vertragswidrigkeit) regelmäßig indiziert ist und daher vernachlässigt werden kann!

26. Die Vorschriften über Unmöglichkeit und Verzug sind deshalb so kompliziert, weil der Gesetzgeber an Stelle einer umfassenden Haftungsregelung im Sinne einer Generalnorm (etwa: positive Vertragsverletzung) eine höchst ausdifferenzierte Regelung gewählt hat. Kreuzen Sie von den folgenden Differenzierungskriterien diejenigen an, die das BGB als Voraussetzungen (unter anderen) für Unmöglichkeit und Verzug vorschreibt; nennen Sie dazu bitte die betreffende(n) Vorschrift(en)!

a) anfängliche/nachträgliche Unmöglichkeit

b) Rechtswidrigkeit/Rechtmäßigkeit

c) zu vertretende (= verschuldete)/nicht zu vertretende Unmöglichkeit

d) objektive/subjektive Unmöglichkeit (= Unvermögen)

e) Bereicherungshaftung

f) Leistung/Gegenleistung

27. Welche Rechtsfolgen kennt das Recht der Leistungsstörungen (bitte ankreuzen und Vorschrift nennen)?

a) Schadensersatz

b) Rücktritt

c) Behalten der Gegenleistung

d) Minderung

e) Bereicherungshaftung

f) Nichtigkeit

g) Aufwendungsersatz

h) Herausgabe des Ersatzgegenstandes

i) Abtretung des Ersatzanspruchs

k) Verwendungsersatz

2.2. Unmöglichkeit

28. Tragen Sie bitte in das folgende Schema die maßgeblichen gesetzlichen Vorschriften ein!

Unmöglichkeit der Leistung

(bei Stückschulden)

ursprüngliche

nachträgliche
(subj. U. und obj. U. stehen gleich, vgl. § .....)

obj. U.   subj. U.
(§ ......)   (sog. Unver-
            mögen, vgl.
            § ....)

von keinem
zu vertre-
ten §§ ......
......)

vom Schuld-
ner zu ver-
treten
(§§ ....
.........)

vom Gl.
zu
ver-
treten
(§§ ....
..........)

29. Wie ist die Unmöglichkeit bei Gattungssachen geregelt? Welche Vorschriften greifen ein, wenn dem Käufer eines Autos das Geld ausgeht, so daß es ihm bei Lieferung (nachträglich) unmöglich ist, den Kaufpreis zu zahlen?

30. Grundfälle zur Unmöglichkeit:

    Der Referendar V verkauft auf der Fahrt zur Assessorprüfung an seinen ihn begleitenden Kollegen K seine sämtlichen juristischen Skripten für DM 100,-. V und K einigen sich um 8.10 Uhr.

    Wie ist die Rechtslage in bezug auf Leistung und Gegenleistung, wenn

    a) bereits um 7.30 Uhr das möblierte Zimmer des V völlig ausbrannte, weil ein Elektrokabel unerkennbar schadhaft war?

    b) der Brand um 7.30 Uhr darauf zurückzuführen ist, daß V in der examensbedingten Aufregung vergessen hatte, die Heizplatte seines Küchenherdes auszuschalten, so daß wegen übergroßer Erwärmung ein in der Nähe hängendes Handtuch Feuer fing und die Bude in Brand setzte?

    c) die Skripten bereits am Vortag verbrannt waren und der V dies auch wußte, als er sie dem K verkaufte?

    d) die Skripten bei V um 8.00 Uhr von einem nicht ermittelbaren Dieb gestohlen worden sind?

    e) in den Fällen a) und b) der Brand erst um 8.30 Uhr entstand?

    f) im Falle e) der K die Skripten bereits unmittelbar bei Kaufabschluß bezahlt hat?

    g) K die Skripten nach dem Kauf, aber noch vor dem Eigentumsübergang und vor der Bezahlung, heimlich aus der Bude des V holt, um sie dann auf einer Parkbank unauffindbar zu vergessen, nachdem er im Park unzufällig eine Kollegin getroffen hatte?

    h) der V als Buchhändler neuwertige Skripten zur späteren Lieferung verkauft hat, und danach das Lager des V abgebrannt ist?

31. Erläutern Sie, für welche Vertragsarten, welche Leistungen und welche Fallvarianten die Unmöglichkeitsregeln

    a) der §§ 275 ff. BGB

    b) der §§ 323 ff. BGB

    Anwendung finden!

2.3. Verzug

32. Nennen Sie Voraussetzungen und Rechtsfolgen des Schuldnerverzuges!

33. Schildern Sie einen einfachen Fall des Gläubigerverzuges!

2.4. Sonstige Ansprüche bei Leistungsstörungen

34. Welches sind die Voraussetzungen der positiven Vertragsverletzung und wo ist dieses Rechtsinstitut geregelt?

35. Insbesondere bei Erbbauzinsen (Pacht für die Überlassung eines Grundstücks zur Bebauung) sowie bei Ruhegehaltsverträgen ergeben sich aufgrund der fortschreitenden Geldwertveränderung (Inflation) häufig starke Benachteiligungen der Bezieher solcher Einkommen, sofern diese nicht wie die Gehälter und Löhne ständig angepaßt werden. Mit welchem Rechtsinstitut versucht man, krasse Störungen des Austauschverhältnisses im Wege der Anpassung an die veränderten Umstände zu beseitigen?

36. Sind bei der praktischen Fall-Lösung zunächst die allgemeinen Normen des Schuldrechts (Unmöglichkeit, Verzug) zu prüfen, oder aber ist es zweckmäßig, zunächst die von der Rechtsprechung entwickelten Rechtsinstitute (positive Vertragsverletzung, Wegfall der Geschäftsgrundlage) zu untersuchen?

(4) Kontrollfragen

37. Frau M ist mit ihrem 6jährigen Sohn A zum Einkaufen im Supermarkt Quengelmann. Als sie unmittelbar nach Betreten des Geschäftes an einem aus Konservendosen hoch aufgeschichteten Turm ("wachsweiche Böhnchen extrafein") vorbeikommen, stürzt dieser plötzlich um und verletzt beide erheblich. Der Sachverständige stellt fest, daß die Dosen unsachgemäß gestapelt worden waren und ein Mitver-

schulden von M und A nicht in Betracht kommt. Der Rechtsanwalt R ist beauftragt, Schadensersatz einzuklagen. Bei der Suche nach den Anspruchsgrundlagen überlegt er sich, ob es günstiger ist, die Klage auf vertragliche oder aber auf gesetzliche Grundlagen zu stützen.

38. E hat dem Museum M einen wertvollen Barockschrank geliehen. Der Museumsbesucher B beschädigt den Schrank mutwillig. Die Reparatur kostet DM 2.500,-. Schuldet B diesen Betrag dem E oder dem Museum M?

39. Der Angestellte A stellt vor seinem Büro angekommen fest, daß der Zugang durch eine große Menschenmenge blockiert ist, die gegen Atomkraftwerke demonstriert. Die Versammlung dauert den ganzen Tag an. Kann A von seinem Arbeitgeber für den ausgefallenen Arbeitstag Gehalt unter dem Gesichtspunkt der Unmöglichkeit oder dem des Verzuges verlangen?

40. Originalklausur BGB-Übung für Anfänger (Bearbeitungszeit: 1 1/2 Zeitstunden):
K besichtigt im Geschäft des Radiohändlers V verschiedene Radios. Er entschließt sich zum Kauf eines Radios der Marke X zum Preis von DM 800,-. K und V vereinbaren dabei, daß der V das Gerät dem K am nächsten Tag um 16.00 Uhr in die Wohnung des K am gleichen Ort bringt. Weiter vereinbaren sie, daß K bei der Anlieferung des Gerätes auch den Kaufpreis zahlen werde.
Der Angestellte A des Radiohändlers V bringt am nächsten Tag zur vereinbarten Zeit das Gerät zu K. A trifft allerdings in der Wohnung des K niemand an. A begibt sich unter Mitnahme des Gerätes zurück in das Geschäft. Auf dem Rückweg kommt es infolge einer leichten Unachtsamkeit des A zu einem Verkehrsunfall, bei dem das Radio völlig zerstört wird.
Welche Ansprüche bestehen zwischen K und V?

(5) Zur Vertiefung in der Arbeitsgemeinschaft

41. Besprechungsfall für den AG-Leiter:
A. F. ist Gesellschafter der Adam Flink OHG. Er liebt schnelles Autofahren. Als er mit der ihm eigenen Überzeugungsgabe wieder einmal einen lukrativen Auftrag

hereingeholt hat und sich danach voller Hochgefühl mit seinem neuwertigen Firmen-wagen Marke "Corvette Stingray" auf dem Heimweg (Bundesautobahn) befindet, gerät er nach Abschluß eines eleganten Überholvorganges bei 195 km/h ins Schleu-dern und rast die Böschung hinunter. Wie durch ein Wunder klettert er unverletzt aus dem völlig zerstörten Fahrzeug. A. F., der auf ähnliche Art und Weise bereits 25 PKW zu Schrott gefahren hat - davon 17 Privatwagen und acht Firmenwagen -, kann sich den Unfall gar nicht erklären: Er sei sorgfältig wie immer gefahren, und auch mit seinem Privatwagen fahre er an dieser Stelle immer mindestens genauso schnell. Die übrigen Gesellschafter der Adam Flink OHG beschließen, A. F. namens der Gesellschaft auf Zahlung des Wagenwertes in Höhe von DM 55.000,- in Anspruch zu nehmen. Muß A. F. zahlen?

42. Bei einer rechtspolitischen Diskussion bezeichnet der Gewerkschaftsvertreter G die Entwicklung des "Rechts am eingerichteten und ausgeübten Gewerbebetrieb" durch die Rechtsprechung als eines absoluten Rechts im Sinne des § 823 Abs. 1 BGB als "eklatante Verletzung des Gleichheitsgrundsatzes zum Nachteile der Arbeitnehmer". Er weist darauf hin, daß das "Recht auf Arbeit" nach wie vor nicht als absolut zu schützendes Rechtsgut anerkannt sei. Was spricht für, was gegen die These des G?

43. **Test:**

I. Schuldverhältnisse

1. Schuldverhältnisse sind privatrechtliche Rechtsverhältnisse, kraft derer eine Person berechtigt ist, von einer anderen Person eine Leistung (Tun oder Unter-lassen) zu verlangen (§ 241 BGB).

   Man unterscheidet:

   a) Schuldverhältnisse aus ....

   b) Schuldverhältnisse aus ....

   (1 Punkt für richtige Antworten)

2. Nennen Sie zu jeder der oben angeführten Gruppen ein Beispiel!

   a) ....

   b) ....

   (1 Punkt für richtige Antworten)

3. Worin liegt nach Ihrer Ansicht der entscheidende Unterschied zwischen beiden Arten von Schuldverhältnissen, wenn Sie das Zustandekommen des betreffenden Schuldverhältnisses betrachten? ....

   ....

   (3 Punkte)

II. Schuldrechtliche Verträge

1. Halten Sie es für zweckmäßiger, im Fallaufbau das Bestehen vertraglicher Beziehungen vor § 823 BGB zu prüfen oder würden Sie umgekehrt verfahren? Begründen Sie Ihre Ansicht!

   ....

   (3 Punkte)

2. a) Welches ist das Hauptmerkmal eines jeden Vertrages?

   .... (2 Punkte)

   b) Bei welchem Vertragstyp steht dies wörtlich im Gesetz?

   .... (1 Punkt)

3. Nennen Sie - ohne ins Gesetz zu schauen -

   a) <u>fünf</u> im BGB geregelte schuldrechtliche Verträge (0,5 P./richtige Antwort)

   ....

   ....

   b) <u>drei</u> (atypische) Verträge, die das BGB nicht regelt. Geben Sie dabei an, aus welchem im BGB geregelten Grundtyp sich Ihr Beispiel ableitet! (1,5 Punkte/richtige Antwort)

   ....

   ....

   ....

4. Kaufvertrag: Über welche drei wesentlichen Vertragsbestandteile ist eine Einigung (mindestens) erforderlich? (3 Punkte)

    a)

    b)

    c)

5. Ein Fachanwalt für Steuerrecht ist beauftragt, beim Bundesfinanzhof in München für seinen Mandanten einen Prozeß zu führen. Es besteht gute Aussicht, daß der Rechtsstreit gewonnen wird. Wegen beruflicher Überlastung kann sich der Anwalt allerdings nicht so um den Prozeß kümmern, wie dies erforderlich wäre; schon beim ersten Termin kommt er zu spät. Der Mandant möchte, daß der Fachanwalt den Prozeß erfolgreich, mindestens aber so gut wie im Rahmen der gesetzlichen Bestimmungen möglich, zu Ende führt.
    Welche Anspruchsgrundlage greift ein? Begründen Sie Ihre Ansicht! (4 Punkte)

    ....

    ....

    ....

6. Nennen Sie einen entgeltlichen schuldrechtlichen Vertrag, bei dem eine Einigung über die zu zahlende Vergütung nicht erforderlich ist! (3 Punkte)

    ....

III. Vertragsfreiheit

1. Aus welchen Komponenten setzt sich die Vertragsfreiheit zusammen? (Bitte ankreuzen; 1 Punkt f. richtige Antworten)

    a) Verhandlungsfreiheit

    b) Inhaltsfreiheit

    c) Gestaltungsfreiheit

    d) Abschlußfreiheit

    e) Vertragsbeendigungsfreiheit

f) Vereinigungsfreiheit

g) Handlungsfreiheit

2. Aus welchen zwei geschriebenen Rechtsnormen leitet man die Vertragsfreiheit ab? (4 Punkte)

a)

b)

3. Geltungsbereich der Vertragsfreiheit: Welche Art der Vertragsfreiheit gibt es im

a) Schuldrecht:

b) Sachenrecht:

c) Familienrecht:

d) Erbrecht:

(1 Punkt für richtige Antworten)

4. Ordnen Sie die §§ 276 I, 276 II, 823, 433, 929 BGB in nachfolgende Rubriken ein:

a) zwingende Vorschriften ....

b) dispositive Vorschriften ....

(1 Punkt für richtige Antworten)

ABSCHNITT IV: TECHNIK DER FALLBEARBEITUNG

(1) Lernzielbeschreibung

    Nach Durcharbeiten dieses Abschnitts sollen Sie die Grundzüge der Technik der Fallbearbeitung theoretisch und praktisch beherrschen, indem Sie

- die Grundregeln bei der Lösung von Hausarbeiten und Klausuren kennen;
- falsche von richtigen Arbeitsmethoden unterscheiden lernen;
- die einleitenden Fragen nennen können;
- Gutachtenstil und Urteilsstil unterscheiden;
- eine Problemsammlung, eine Skizze und eine Grobgliederung anfertigen können;
- Anspruchsgrundlagen in der zutreffenden Reihenfolge durchprüfen können;
- Fehler bei der Formulierung von Fallösungen erkennen sowie
- Formalien bei Hausarbeiten (Gliederung, Zitieren, Literaturverzeichnis usw.) beachten lernen.

(2) Literaturhinweise

- Bähr, Grundzüge BGB, S. 425 - 435
- Brox, BGB AT, Rz. 784 - 813
- Fabricius, Fritz, Der Rechtsfall im Privatrecht, 4. Auflage Stuttgart/Berlin/Köln/Mainz 1984, S. 5 - 50
- Diederichsen, Uwe, Die Zwischenprüfung im Bürgerlichen Recht, München 1985, insbesondere S. 98 ff.
- Klunzinger, Einführung BR, S. 13 - 23
- Werner, Olaf, Fälle mit Lösungen für Anfänger im Bürgerlichen Recht, 5. Auflage, Frankfurt/Main 1986, insbes. S. 6 - 10
- Westermann, H., Schwerpunkte BGB AT, S. 155 - 166
- Wieser, Eberhard, Übung im Bürgerlichen Recht für Anfänger, 3. Auflage Köln/Berlin/Bonn/München 1986
- Wörlen, Rainer, Anleitung zur Lösung von Zivilrechtsfällen, Köln/Berlin/Bonn/München 1986

(3) Lernfragen

§ 1 **Allgemeines**

1. Welche sechs Regeln sind bei der Bearbeitung von Hausarbeiten und Klausuren unbedingt zu beachten?

2. Welche Arbeitsmethode erscheint Ihnen bei der Bearbeitung von praktischen Fällen des Zivilrechts als sachgerecht (bitte ankreuzen)?

   a) Man liest den Sachverhalt sorgfältig durch und behandelt dann - in der sich aus dem Aufgabentext ergebenden Reihenfolge - alle auftauchenden Fragen.

   b) Nach mehrmaligem Durchlesen des Sachverhalts werden die sich ergebenden Rechtsprobleme in ihrer zeitlichen Reihenfolge behandelt, wobei alle Rechtsverhältnisse zu erörtern sind.

   c) Nach dem Durchlesen wird das Anspruchsbegehren möglichst konkret ermittelt. Danach sucht man eine oder mehrere Normen (sog. Anspruchsgrundlagen) auf, bei denen es nicht von vornherein als ausgeschlossen erscheint, daß sie das Anspruchsbegehren stützen könnten.

   d) Zunächst sind die aus der Fallfrage resultierenden Rechtsprobleme möglichst allgemeingültig vorweg darzustellen. Erst danach können im Hinblick auf den konkreten Fall Schlüsse aus den vorangegangenen allgemeinen Erörterungen gezogen werden.

3. Wie lauten die allgemeinen Fragen, die sich der Bearbeiter vor jeder Fallösung unbedingt stellen sollte (Einstiegs-Fragepronomina), um daraus den zutreffenden Einleitungssatz zu gewinnen, der das Programm für die gesamte nachfolgende Prüfung enthält? Nennen Sie drei Beispiele solcher Einleitungssätze!

4. Bei der praktischen Fallösung beginnt man im Text der Lösung zunächst damit (Zutreffendes bitte ankreuzen),

   a) die Rechtsfolge hinzuschreiben;

   b) die Anspruchsgrundlage hinzuschreiben;

c) das Ergebnis der Fallösung vorweg kurz festzuhalten;

d) die zu lösenden Probleme gleich zu Anfang in den gesellschaftspolitischen Zusammenhang zu stellen.

5. Der <u>Gutachtenstil</u> ist dadurch gekennzeichnet, daß von der Anspruchsgrundlage ausgehend die Voraussetzungen nacheinander durchgeprüft werden, wobei dann am Ende der Ausführungen das Ergebnis (Anspruch ja oder nein) festgestellt wird. Demgegenüber steht beim <u>Urteilsstil</u> das Ergebnis der Prüfung am Anfang und wird erst dann unter Anführung der Anspruchsgrundlagen sowie Feststellung des Vorliegens/Nichtvorliegens der Voraussetzungen begründet.

a) Welcher Stil ist bei der Abfassung von Hausarbeiten und Klausuren bis einschließlich zum Ersten jur. Staatsexamen zu verwenden?

b) Welche der unten folgenden Verbindungswörter kennzeichnen

aa) den Urteilsstil (US)

bb) den Gutachtenstil (GS)

und dürfen daher nur im Rahmen der verwendeten Stilart benutzt werden?

- denn   - weil

- also   - daher

- daraus folgt   - da

6. Nehmen Sie an, bei einer Fallösung ist ein Anspruch aus § 823 I BGB zu bejahen. Zwei Kommilitonen A und B haben in ganz verschiedener Weise damit begonnen, den Fall zu bearbeiten. Wie wäre es für Ihre <u>Klausur</u> richtig? Wie heißt der jeweils verwendete <u>Stil</u>?

A: Der Schadensersatzanspruch aus § 823 I BGB besteht zu Recht. Der Geschädigte ist nämlich durch eine Handlung des Schädigers körperlich verletzt worden, denn Letzterer hat dem Ersteren mit einer verschmutzten Mistgabel in den verlängerten Rücken gestoßen ....

<u>Stil:</u> .....

B: Der Schadensersatzanspruch des Geschädigten könnte sich aus § 823 I BGB ergeben. Dann müßten die Voraussetzungen des § 823 I BGB vorliegen. Vorausgesetzt ist zunächst, daß durch eine Handlung des Schädigers eine absolute Rechtsverletzung beim Geschädigten eingetreten ist. Handlung des Schädigers ist das Zustoßen mit der verschmutzten Mistgabel. Durch diese Handlung ist auf den

Körper des Geschädigten, also auf ein absolutes Recht im Sinne des § 823 I BGB, so eingewirkt worden, daß eine nicht unerhebliche Verletzung eintrat ....
Stil: .....

7. Bitte üben Sie die Formulierung im Gutachtenstil im Rahmen der Lösung folgender einfacher Fälle:

a) E hat dem A sein wertvolles Buch geliehen. Nachdem er A schon mehrfach zur Rückgabe aufgefordert hat, fragt E nunmehr den Rechtsanwalt R nach Herausgabeansprüchen.

b) Nichtraucher A und Raucher B fahren in einem S-Bahn-Nichtraucher-Abteil. Als B sich eine Zigarette ansteckt und zu rauchen beginnt, macht A ihm Vorhaltungen. Als B nicht reagiert, nimmt A dem B die Zigarette aus dem Mund und löscht die Glut. Daraufhin schlägt B den A mit der Faust ins Gesicht, worauf die Nase des A zu bluten beginnt.

A verlangt Schadensersatz und Schmerzensgeld. B verteidigt sich unter Hinweis auf sein Notwehrrecht und die in letzter Zeit in S-Bahn-Zügen vorgekommenen Überfälle (ein etwaiges Mitverschulden des A ist nicht zu berücksichtigen!).

c) B läßt sich beim Maßschneider U einen Anzug aus Stoffen und Materialien anfertigen, die der U selbst beschafft. Als B den ordnungsgemäß fertiggestellten Anzug abholen will, verweigert U die Übergabe des Anzugs unter Hinweis darauf, daß B nicht sofort bezahlen will. Hat B einen Herausgabeanspruch?

d) Der Malermeister M hat vereinbarungsgemäß beim Hauseigentümer E Wohnzimmer und Küche gestrichen. Dabei stößt er versehentlich so unglücklich mit dem Fuß gegen den Farbeimer (lila), daß dieser umfällt und den wertvollen Perserteppich beschädigt, der für DM 297,- gereinigt werden muß. Welche Ansprüche hat E gegen M?

§ 2 Klausurtechnik

8. Bei der äußeren Form der Klausur (Identifikation, Rand, Schreibraum) sind einige Minimalerfordernisse einzuhalten. Nennen Sie die wichtigsten!

9. Um dem Leser die Gedankengänge bei der Fall-Lösung zu veranschaulichen, sollte die

Klausur ein <u>Gliederungsschema</u> enthalten, das die Grundsätze der Über- und Unterordnung sowie der Gleichordnung der verschiedenen Einzelelemente einer Lösung beachtet (sog. Rangprinzip).

Üblich ist folgende alphanumerische Bezeichnung:

A.
   I.
     1.
     2.
       a)
       b)
         aa)
         bb)
   II.
B.
usw.

Ordnen Sie die folgenden Gliederungselemente (Überschriften) einer Fallösung der für das Element maßgeblichen Gliederungsziffer zu und beachten Sie dabei das Rangprinzip!

-    Anspruch des A gegen B auf Herausgabe des Buches aus § 985 BGB
-    Annahme
-    Besitz des B
-    schriftliches Angebot des A über DM 5.000,-
-    Angebot
-    Ablehnungsschreiben des B, verbunden mit einem Angebot über DM 5.200,-
-    1. Annahmeerklärung des A über DM 5.200,- (bei der Post verlorengegangen)
-    Anspruch des B gegen A auf Zahlung des Kaufpreises für das Auto aus § 433 II BGB
-    Eigentum des A
-    2. Annahmeerklärung des A über DM 5.200,- (bei B noch rechtzeitig zugegangen)

<u>Gliederung</u> (bitte ausfüllen):

A.

    I.

    II.

B.

    I.

        1.

        2.

    II.

        1.

        2.

10. Viele Fehler treten im Rahmen von Klausurlösungen deshalb auf, weil die <u>Fallfrage</u> nicht richtig gelesen und beachtet wird. Wie umfangreich muß die Prüfung im Rahmen der folgenden typischen Fallfragen sein und worauf muß sie sich erstrecken?

    a) Wie ist die Rechtslage?

    b) Kann A von B Schadensersatz verlangen?

    c) Kann V von K_1 oder aber von K_2 Bezahlung des Kaufpreises verlangen?

    d) Ist die Kündigung des A zu Recht erfolgt?

    e) Welche Einwendungen und Einreden kann B dem Anspruch des E mit Erfolg entgegensetzen?

11. Wie beurteilen Sie folgende <u>Formulierungen in Klausuren:</u>

    a) "A könnte gegen B einen Anspruch aus § 119 BGB haben. Dann müßte zunächst eine wirksame Anfechtungserklärung vorliegen."

    b) "E könnte gegen B einen Anspruch aus § 985 BGB haben, wenn B Besitzer der goldenen Uhr und E deren Eigentümer ist."

    c) "V hat hat gegen K einen Anspruch auf Zahlung des Kaufpreises aus § 433 II BGB, wenn sich K und V über den Kauf des Autos geeinigt haben und keine Gründe gegen die Wirksamkeit des Kaufvertrages sprechen. Hierzu sagt der Sachverhalt: Als K am Morgen des 13.12.1989 den Wagen beim V im Schaufenster stehen sieht, betritt er voller Entzücken sofort die Verkaufsräume und sagt: 'Den nehme ich.'"

    d) "V und K haben sich über den Verkauf des Grundstücks an K geeinigt. Denn der

K hat vor dem zuständigen Notar die Erklärung abgegeben ...."

e) "Zunächst ist Voraussetzung, daß A das Eigentum des B beschädigt hat. Gemäß § 903 BGB kann der Eigentümer mit seiner Sache nach Belieben verfahren und Dritte von jeder Einwirkung ausschließen. Zu einem vergleichbaren Ergebnis kommt Art. 14 Grundgesetz, wonach das Eigentum gewährleistet ist, sein Gebrauch aber gleichzeitig dem Wohle der Allgemeinheit dienen soll. Berücksichtigt man zusätzlich die ideengeschichtliche Entwicklung des Eigentums, so wird deutlich, daß zu allen Zeiten ..."

f) "Y könnte gegen A einen Anspruch aus § 823 I BGB haben. Hierzu heißt es im Gesetz: Wer vorsätzlich oder fahrlässig das Leben, den Körper, die Gesundheit, die Freiheit, das Eigentum oder ein sonstiges Recht eines anderen widerrechtlich verletzt, ist dem anderen zum Ersatz des daraus entstehenden Schadens verpflichtet."

g) "Der Anspruch könnte aus § 985 BGB bestehen. Wie dem Sachverhalt zu entnehmen ist, hat B den Besitz am 9.2.1948 erworben."

h) "Die Prüfung des Anspruchs erfordert sicherlich zunächst eine Auslegung der Willenserklärung des A. Dabei sind selbstverständlich alle Auslegungsgrundsätze zu beachten, wobei auf gar keinen Fall die ergänzende Vertragsauslegung vergessen werden darf. Unbedingt ist darauf zu achten, daß ..."

12. Kommen bei einer Fallösung mehrere Anspruchsgrundlagen in Betracht, so bereitet dem Anfänger häufig deren Aufeinanderfolge bei der Prüfung einige Schwierigkeiten. In welcher Reihenfolge sind die folgenden Gruppen von Anspruchsgrundlagen im allgemeinen (keine starre Regel!) nacheinander durchzuprüfen? Welche der danach aufgeführten Anspruchsgrundlagen gehören zu den vorgenannten Gruppen?

a) Gruppen von Anspruchsgrundlagen
   - sachenrechtliche Ansprüche
   - Ansprüche aus unerlaubter Handlung
     (einschließlich Gefährdungshaftung)
   - Ansprüche aus Vertrag
   - Ansprüche aus §§ 812 ff.
   - Ansprüche aus vertragsähnlichen Rechtsverhältnissen
     (insbesondere "Geschäftsführung ohne Auftrage" und "culpa in contrahendo")

b) Anspruchsgrundlagen
   - § 433 II
   - § 826
   - § 816
   - § 179
   - § 325
   - §§ 280, 285, 325, 326 analog
   - § 611
   - § 278
   - § 683
   - § 985
   - § 861
   - § 670
   - § 831

13. Fertigen Sie für die folgenden einfachen Klausurfälle je eine Problemsammlung, eine Skizze sowie eine Grobgliederung an!

    a) Auf eine Werbeanzeige des Gebrauchtwarenhändlers V sieht sich der K das angepriesene "Auto der Woche", einen Opel Rekord zum Preise von DM 5.500,- an. Nach einer Probefahrt erklärt K dem V, er wolle das Auto kaufen und läßt dem V alle erforderlichen Papiere für die Zulassung da. Als V dem K den auf dessen Namen zugelassenen Wagen bringt, verweigert K die Abnahme und Bezahlung, weil er sich einen preisgünstigeren Wagen kaufen will.
    Muß K die DM 5.500,- zahlen?

    b) Vater V und sein sechsjähriges Kind M gehen in einem Villenviertel spazieren. Plötzlich taucht aus einem nahegelegenen Waldgelände der große Schäferhund des H auf und läuft knurrend und zähnefletschend auf M zu. V bricht aus dem Holzzaun des Grundstückseigentümers E eine Latte heraus und tötet damit den Hund; eine andere Möglichkeit zur Abwehr des Hundes gab es nicht. E verlangt Schadensersatz in Höhe von DM 200,- wegen der Beschädigung des Zaunes, H Schadensersatz in Höhe von DM 800,- wegen der Tötung des Hundes.

    c) V will dem K ein wertvolles Gemälde zum Preis von DM 15.000,- zum Kauf anbieten. Beim Abfassen des Schreibens verschreibt sich V jedoch, so daß das

Angebot fälschlich auf DM 1.500,- lautet. K nimmt das Angebot an und verlangt Lieferung.

aa) Wie ist die Rechtslage, wenn V seine Erklärung unverzüglich anficht?

bb) Wie ist die Rechtslage, wenn dem K das Gemälde schon ausgehändigt worden ist, bevor V den Fehler des Angebots bemerkt?

§ 3   Technik bei Hausarbeiten

14.   Bei der Bearbeitung von Hausarbeiten ist das einschlägige Schrifttum (Rechtsprechung und Literatur) auszuwerten, soweit es darauf bei der konkreten Fallösung ankommt. Wenn dabei zu einem Problem mehrere Meinungen vertreten werden ("die Rechtsfrage ist umstritten"), so ist bei der Darstellung des Streitstandes wie folgt vorzugehen (Zutreffendes bitte ankreuzen):

a)   Es werden die einzelnen im Schrifttum vertretenen Meinungen in der Reihenfolge aufgeführt, in der die Quellen vom Bearbeiter gelesen wurden (Beispiel: "Palandt ist der Auffassung ...; Emmerich meint ...; demgegenüber wird bei Staudinger ausgeführt ...; der BGH hat sich auf den Standpunkt gestellt ...; Fabricius hat sich der Meinung von Palandt angeschlossen, während das OLG Köln dem BGH folgt. Enneccerus-Nipperdey vertreten demgegenüber die Mittelmeinung ...")

b)   Die verschiedenen Meinungen werden zu Gruppen zusammengefaßt, wobei innerhalb einer Gruppe im wesentlichen gleiche Lösungsansätze - wenn auch mit eventuell unterschiedlichen Sachargumenten - vertreten werden (Beispiel: "In der Rechtsprechung [Zitat: BGH, OLG, LG] wird die Auffassung vertreten ..., wobei hierfür die folgenden Argumente angeführt werden ... . Demgegenüber führt die herrschende Meinung in der Literatur aus ... und beruft sich zur Stützung dieses Lösungsansatzes ... . Überzeugender erscheint die Auffassung in der Literatur, weil ...).

c)   Bei verwickelten Streitfragen kann es zweckmäßig sein, zum besseren Verständnis der eigenen Lösung Argumente und Gegenargumente paarweise einander gegenüberzustellen und jedes Argument im Sinne einer eigenen Stellungnahme zu würdigen (Beispiel: "Die Vertreter der ...theorie berufen sich auf ... . Diesem Argument hält die Rechtsprechung entgegen ... . Gerade die vorliegende Problemstellung zeigt die Stärke der Argumentation der Rechtsprechung ... . Als weiteres Argument führt Emmerich an ...; Mestmäcker widerspricht dem heftig unter Hinweis auf ... . Meines Erachtens liegen beide Autoren im Ergebnis nicht sehr weit auseinander, wenn man berücksichtigt ... .").

15. Eine Hausarbeit erfordert neben der eigentlichen gutachtlichen Lösung (Fallösung) weitere Teilleistungen, die die Lesbarkeit und Nachprüfbarkeit der Lösung erleichtern sollen. Welche Bestandteile der Gesamthausarbeit sind dies und in welcher Reihenfolge sind sie anzuordnen?

16. Welche der folgenden Zitierweisen (Fußnoten) halten Sie unter Beachtung der Gebote der Klarheit und Vollständigkeit für zutreffend?
    a) Enneccerus-Nipperdey S. 313
    b) BGH S. 87
    c) BGH NJW S. 2015
    d) Lukes, Rudolf/Backherms, Johannes, Der Jagdunfall, 17. Auflage, Köln/Berlin/Bonn/München 1989, S. 333
    e) RGZ 18, S. 74
    f) BGH NJW 1976, S. 1384
    g) A. Feuerborn, Die Besonderheiten der Versorgungswirtschaft, Energiewirtschaftliche Tagesfragen Heft 12/1980

17. Welche der obengenannten Quellen würden Sie in das Literaturverzeichnis aufnehmen? Welche Reihenfolge werden Sie dabei beachten?

18. Was halten Sie von der folgenden, einer Hausarbeit entnommenen Gliederung?

	Seite
A. Ansprüche des A gegen B	1
I. Ansprüche aus ungerechtfertigter Bereicherung	1
1. Anspruch aus § 812	1
II. Vertragliche Ansprüche	2
1. Anspruch aus § 433 I	2
2. Anspruch aus § 631	4

(4) Kontrollfragen

19.   Im Preußen-Stadion in Münster findet ein Fußballspiel der 2. Bundesliga - Preußen Münster gegen den Vfl Osnabrück - statt. Dem Preußen-Anhänger G mißfällt, daß der vor ihm stehende T jeden Angriff des Vfl Osnabrück mit einer Fanfare "unterstützt", und er macht Anstalten, dem T die Fanfare mittels einer Preußen-Fahne aus dem Mund zu schlagen. S, der das sieht, versucht T zu schützen und fällt G in den Arm. Der kräftige G wehrt sich und gibt ihm einen solchen Stoß, daß S die Ränge hinabstürzt. Dabei verliert er zwei Zähne (Kosten der zahnärztlichen Behandlung: DM 2.500,-), zerreißt sich die schon etwas abgetragene Hose (Kosten für eine neue Hose: DM 150,-) und verliert seine Jahreskarte für den Besuch der Bundesligaspiele von Preußen Münster, die in dem Gedränge nicht mehr auffindbar ist; für die Karte mußte S zu Beginn der Saison (anteilsmäßig auf die verbleibenden Spiele gerechnet) DM 70,- zahlen; inzwischen wird die Karte für die verbleibenden Spiele wegen des schlechten Abschneidens von Preußen Münster für DM 50,- gehandelt.
S verlangt von G Zahlung von DM 2.500,- an Zahnarztkosten, von DM 150,- für die Hose und von DM 70,- für die abhanden gekommene Jahreskarte. Mit Recht?
(Originalklausur Bürgerliches Recht für Anfänger; Bearbeitungszeit: 1 1/2 Stunden)

20.   V verkauft dem K einen gebrauchten Jaguar E, Baujahr 1966, zum Preise von DM 6.500,-. Ein schriftlicher Kaufvertrag wird nicht abgeschlossen. Schon einen Tag nach der Übergabe stellt K fest, daß die Kupplung für DM 1.110,- erneuert werden muß; die Woche darauf fällt die Auspuffanlage auf die Straße (Kosten für die Reparatur: DM 1.800,-), und zwei Tage später brennt die Zylinderkopfdichtung durch (Reparatur: DM 1.700,-). Darauf wird K böse und verklagt den V auf Schadensersatz in Höhe sämtlicher seit der Übergabe angefallenen Reparaturkosten. Rechtslage?

21. A ist Angestellter bei dem privaten Müllabfuhrunternehmen M, das mit Hauseigentümern - unter anderem auch mit dem E - privatrechtliche Entsorgungsverträge abgeschlossen hat. Als A, der seit Jahren zur vollsten Zufriedenheit des M gearbeitet hat und der vom Schichtführer auch regelmäßig überwacht worden ist, die Mülltonne zum Müllwagen rollt, beschädigt er aus leichter Unachtsamkeit den ordnungsgemäß geparkten Wagen des B, eines Besuchers des E. Gegen wen hat B Ansprüche?

(5) Zur Vertiefung in der Arbeitsgemeinschaft

22. Besprechungsfall zur Einübung der Klausurtechnik:

Der Apotheker A veröffentlicht in einem von ihm betreuten Gesundheitsmagazin mit starker lokaler Resonanz in Münster einen längeren Bericht über ein neuartiges sexuelles Kräftigungsmittel, dessen Wirkstoff aus einer in Asien wachsenden Pflanze gewonnen wird. In diesem Zusammenhang wird auch eingehend auf Ausführungen und lobende Beurteilungen Bezug genommen, die der "bedeutende Pharmakologe" Professor Berghahn erst kürzlich über diesen Wirkstoff gemacht haben soll. Danach soll Prof. B in einer wissenschaftlichen Abhandlung u. a. geschrieben haben, dieser Wirkstoff setze ungeahnte Kräfte frei; durch die Ergebnisse einer längeren Testreihe sowie durch eigene erfreuliche Erfahrung könne er dies bestätigen. Berghahn besitzt zwar den Professorentitel, ist aber nicht Pharmakologe, sondern praktizierender Internist in Münster. An Äußerungen wie die ihm zugeschriebenen hat er nicht im Traum gedacht. Durch die despektierlichen, in dem Gesundheitsmagazin als von ihm stammend ausgegebenen Behauptungen werden viele seiner Patienten verschreckt. Einem Arzt, der sich mit solchen Eigenexperimenten befaßt, wollen sie sich nicht mehr anvertrauen. Hat Prof. B Ansprüche gegen A?

Hinweis für den AG-Leiter:

Um sowohl die Erarbeitung einer Gliederung als auch die Ausformulierung der Lösung zu üben (letzeres kommt erfahrungsgemäß in Arbeitsgemeinschaftenzu kurz), wird folgendes zweistufiges Vorgehen empfohlen:

a) Erarbeitung der Gliederung (Tafel oder Tageslichtprojektor) mit Stichwörtern zur Argumentation und kurzen Ergebnishinweisen.

b) Erst danach Formulierung der Lösung im Gutachtenstil. Dies kann entweder schriftlich oder mündlich geschehen. Besonders lernwirksam ist die mündliche Erarbeitung nach der "jeder einen Satz-Methode": In der Reihenfolge der Sitzpläne (wechselnd beginnen) muß jeder Student einen Satz laut formulieren, der die Lösung an dieser Stelle vorantreibt. Dies ist für Anfänger sehr schwierig und sollte von allen Teilnehmern sowie dem AG-Leiter unterstützt werden.

Dabei ist es sehr wirksam, wenn die Teilnehmer an gewisse <u>Formulierungsschemata</u> gewöhnt werden, die die Anfangsschwierigkeiten überwinden helfen (und später selbstverständlich variiert werden müssen), etwa:

<u>1. Satz:</u> B könnte gegen A einen Anspruch aus §   BGB auf Zahlung von
wegen   haben.

<u>2. Satz:</u> Dann müßten die Voraussetzungen des §   BGB vorliegen.

<u>3. Satz:</u> Vorausgesetzt ist zunächst, daß

        usw.

Nach Erarbeitung der Fallösungstechnik kann in jeder AG-Sitzung ein Fall nach dem vorstehend beschriebenen Vorgehen gelöst werden.

23. Zur Diskussion: Welche Vorteile hat die in diesem Abschnitt erläuterte Technik der Juristen, Fälle zu lösen? Sehen Sie auch Nachteile und Gefahren?

24. Erarbeiten Sie selbst einen Ihnen interessant erscheinenden Sachverhalt aus dem Problemkomplex der unerlaubten Handlung, der in Form eines Rollenspieles mit den Personen Schädiger, Geschädigter und Richter vorgetragen und diskutiert wird. <u>Beispiel:</u> LG Paderborn NJW 1990, S. 260 - der verprügelte Liebhaber. Der AG-Leiter kann die Rolle des Richters übernehmen, muß sich aber einer gewissen Zurückhaltung befleißigen. Die übrigen Teilnehmer bilden eine Art Jury, die den Fall schließlich durch Abstimmung entscheidet. Zusätzliche Mitspieler können die Rolle von Rechtsanwälten übernehmen.

ABSCHNITT V: MÄNGEL DES RECHTSGESCHÄFTS UND DER WILLENSERKLÄRUNG

Bei den Mängeln des Rechtsgeschäfts bzw. der Willenserklärung kann man zwischen subjektiven und objektiven Mängeln unterscheiden:

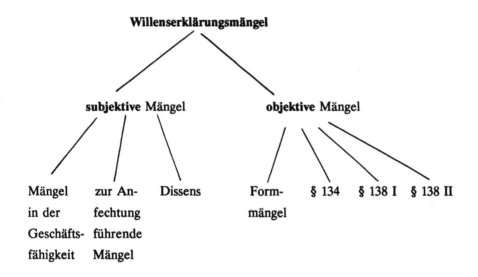

(1) <u>Lernziele</u>

Nach Durcharbeiten dieses Abschnitts sollen Sie

- typische Formmängel kennen und bewerten gelernt haben;

- Voraussetzungen und Rechtsfolgen der Geschäftsunfähigkeit sowie der beschränkten Geschäftsfähigkeit kennen;

- die drei Merkmale des Rechtsinstituts der Anfechtung in der praktischen Fallösung anwenden können und insbesondere den typischen Einstieg in Anfechtungsfälle beherrschen;

- die Gründe kennen, die zur Nichtigkeit der Willenserklärung bzw. des Rechtsgeschäfts führen.

(2) <u>Literaturhinweise</u>

- <u>Bähr</u>, Grundzüge BGB, S. 96 - 135
- <u>Brox</u>, BGB AT, Rz. 205 - 429
- <u>Eisenhardt</u>, BGB AT, Rz. 111 - 114 sowie Rz. 149 - 249
- <u>Kaiser</u>, Bürgerliches Recht, S. 23 - 28, 32 - 40 sowie S. 48 - 50
- <u>Klunzinger</u>, Einführung BR, S. 89 - 137
- <u>Rüthers</u>, BGB AT, Rz. 157 - 189 sowie Rz. 294 - 427
- <u>Schmidt/Brüggemeier</u>, Grundkurs, S. 124 - 137
- <u>H. Westermann</u>, Schwerpunkte BGB AT, S. 9 - 11, 70 - 72, 79 - 99 sowie S. 114 - 128

(3) <u>Lernfragen</u>

1. Welche Nichtigkeitsgründe enthalten die §§ 104 - 144 BGB?

§ 1   Formmängel (§§ 125 ff. BGB)

2. Nennen Sie drei typische, gesetzlich vorgesehene Arten von rechtsgeschäftlichen Formerfordernissen!

3. K und V schließen in notarieller Form einen Grundstückskaufvertrag, wobei sich beide darüber einig sind, daß der von K zu zahlende Kaufpreis von DM 160.000,- beträgt. Zum Zwecke der Grunderwerbssteuer- sowie der Spekulationssteuereinsparung wird jedoch lediglich ein Kaufpreis von DM 110.000,- beurkundet. Als V wenig später Zahlung von DM 160.000,- verlangt, weigert sich K unter Hinweis auf den Wortlaut des Kaufvertrages, mehr als DM 110.000,- zu bezahlen.
   a) Kann dem V geraten werden, die vereinbarten DM 160.000,-, wenigstens aber die DM 110.000,- einzuklagen?
   b) Rechtslage, wenn der K inzwischen im Grundbuch als neuer Eigentümer eingetragen ist?

4. Bauunternehmer B verkauft den Eheleuten A durch schriftlichen Vertrag eine schlüsselfertig zu errichtende Eigentumswohnung. Die Eheleute zahlen vereinbarungsgemäß nach Baufortschritt DM 250.000,- in fünf Raten und ziehen ein. Nach zwei Jahren - eine Eintragung im Grundbuch ist immer noch nicht erfolgt - verlangt der B Auszug

der Eheleute A aus der Wohnung; er - der B - habe einen Käufer gefunden, der nunmehr DM 300.000,- für die Eigentumswohnung zu zahlen bereit sei. Rechtslage?

§ 2   Mängel in der Geschäftsfähigkeit

5. Welche dreistufige Differenzierung enthält das Gesetz in den §§ 104 ff. BGB im Hinblick auf die Geschäftsfähigkeit?

6. Der sechsjährige M stiehlt seinen Eltern einen Zehnmarkschein und kauft davon bei V eine Großpackung Dauerlutscher. Beim Verlassen des Ladens stößt er aus grober Unachtsamkeit gegen eine Türscheibe, die dabei zu Bruch geht. Rechtslage?

7. In welchen Fällen ist/wird die Willenserklärung eines beschränkt Geschäftsfähigen
    a) von Anfang an wirksam?
    b) später wirksam?

8. Der siebzehnjährige M kauft ohne Wissen seiner Eltern bei V einen uralten VW-Käfer, dessen Kaufpreis er in Höhe von DM 100,- von seinem Taschengeld in fünf Raten à DM 20,- abstottern will. Nach Zahlung der ersten Rate wird dem M der Wagen vom V übergeben; daraufhin fährt M sofort mit seiner achtzehnjährigen Freundin F in Urlaub, wobei die F den Wagen steuert. Wegen aller dieser Vorfälle sind die Eltern empört und verlangen von V, daß er den Wagen zurücknimmt.
    a) Rechtslage?
    b) Hätte es Einfluß auf die Entscheidung, wenn M noch während seines Urlaubs volljährig geworden wäre?

9. Liegt in den folgenden Fällen ein "lediglich rechtlicher Vorteil" im Sinne des § 107 BGB vor (bitte ankreuzen)?
    a) Annahme einer Schenkung durch den Minderjährigen
    b) Abschluß eines Kaufvertrages durch den Minderjährigen
    c) Erwerb des Eigentums an einer Sache durch den Minderjährigen

10. Die siebzehnjährige M lebt allein in einer Münchener Wohnung, seit ihre Eltern einen längeren Südamerikaaufenthalt angetreten haben. Da ihr die alte Wohnung nicht mehr gefällt, kündigt sie diese ordnungsgemäß und mietet für sich in Schwabing ein schickes Dachstudio. Als die Eltern aus Südamerika zurückkehren, für sie aber im Dachstudio kein Platz mehr ist, wenden sie sich voller Empörung an den alten Vermieter V_1 und wollen - zusammen mit ihrer Tochter, deren neuen Mietvertrag mit V_2 sie für unwirksam halten - wieder in ihre alte Wohnung einziehen. Rechtslage?

11. Der sechsjährige M begegnet einem herumstreunenden, herrenlosen Hund und nimmt ihn mit nach Hause. Ist er Eigentümer geworden? Kommt es auf eine Genehmigung der Eltern an?

§ 3   Willensmängel, insbesondere Anfechtung

12. Bilden Sie je einen Beispielsfall für die Situationen der §§ 116, 117, 118, 154, 155 BGB!

13. Welche drei Voraussetzungen sind im Rahmen jeder Prüfung des Rechtsinstituts der Anfechtung zu beachten? Welche typischen zwei Fallkonstellationen sind bei der Abwicklung der Anfechtung denkbar?

14. Geben Sie einen Überblick über die Anfechtungsgründe der §§ 119 ff. BGB!

15. A bestellt bei V zur Lieferung frei Haus "ein Schock Eier", wobei er die Vorstellung hat, es handele sich um ein Dutzend. Als ihm 60 Eier übergeben werden sollen, verweigert er die Annahme mit dem Bemerken, sein Arzt habe ihn dringend vor Eiweißvergiftungen gewarnt. Hat V einen Anspruch auf Bezahlung von 60 Eiern?

16. Frau Groß, die den ersten Besuch ihres Enkelkindes erwartet, möchte sich für diesen Anlaß einen Kinderwagen leihen. Ihre Freundin rät ihr, sich an das Kinderfachgeschäft Klusemeyer zu wenden, das - wie sie gelesen habe - Kinderwagen verleihe. Ein in dem Geschäft seit einigen Wochen angebrachtes Schild lautet: "Kinderwagen auch leihweise". Beim Anruf der Frau Groß bei der Firma Klusemeyer entwickelt sich folgendes

Gespräch: "Ich habe gehört, Sie haben Kinderwagen zu verleihen, was kostet das pro Woche?" - "Zehn Mark." - "Gut, dann schicken Sie mir bitte ein Stück noch heute." Am Nachmittag wird eine Kinderwaage geliefert. Frau Groß will die DM 10,- nicht zahlen.

17. Studienrat Dr. E spielt seit Jahren in der Norddeutschen Klassenlotterie. Er wirft das noch nicht ausgespielte Los Nr. 144144 in den Mülleimer, weil er es mit einem bereits ausgespielten Los verwechselt. Dort findet es der Rentner R, der sofort erkennt, daß das Los noch nicht ausgespielt ist. Bei der Ziehung entfällt darauf ein Gewinn von DM 30.000,-. Dr. E verlangt von R das Los heraus.
Wie wäre es, wenn Dr. E das Los erst nach der Ziehung weggeworfen hätte, weil er infolge flüchtigen Lesens glaubte, es sei ohne Gewinn gezogen worden?

18. Steuerberater K kauft in München im Geschäft des V eine neue Rechenmaschine. Aus dem Ladengeschäft kommend trifft er zufällig seinen Bekannten B. Dieser beschimpft ihn: Es sei undenkbar, daß er (K) als CSU-Mann und guter Katholik bei V, einem evangelischen SPD-Mitglied, kaufe. K ist über sein eigenes Verhalten entsetzt, läuft in den Laden zurück und ficht den Vertrag an. Zu Recht?

19. V verkauft dem K seinen sechs Jahre alten Mercedes. Auf die anläßlich der Verkaufs-verhandlungen gestellte Frage des K, ob der Wagen einmal einen Unfall gehabt habe, erklärt V, daß ein anderes Fahrzeug den Mercedes beim Einparken einmal seitlich geringfügig beschädigt habe. In Wirklichkeit war der Mercedes beim Vorbesitzer des V - wie V genau wußte - an einem unbeschrankten Bahnübergang vom herannahenden Zug erfaßt und dabei schwer beschädigt worden (verzogener Rahmen, Totalbeschädi-gung des Aufbaus). Als K 14 Monate später den wahren Sachverhalt erfährt, will er sein Geld zurück.

20. Fabrikant K erhält von seinem Musikalienhändler V den neuesten Katalog zugesandt. Darin entdeckt K, der auf das Sammeln alter Geigen spezialisiert ist, zwei ihn inter-essierende Instrumente:
-   Violine von Guadagnini, 1753, DM 80.000,-
-   Violine von Guaneri, 1739, DM 100.000,-
K möchte das teurere Instrument erwerben, wird jedoch beim Ausfüllen des Bestell-

scheins gestört und schreibt deshalb "Guadagnini". Auf die Anweisung des K geht dessen Sekretärin zu V und gibt den Bestellschein ab. Nach Auslieferung der Violine bemerkt K den Fehler und erklärt dem V, er trete vom Vertrag zurück. V ist von der Wirksamkeit des Vertrages überzeugt; jedenfalls müsse ihm K aber DM 10.000,- ersetzen, weil er die Guadagnini-Violine zwischenzeitlich für DM 90.000,- hätte verkaufen können. Dieses Angebot habe er jedoch wegen des vorher zustande gekommenen Vertrages mit K nicht angenommen. Hat V gegen K einen Anspruch auf Zahlung von DM 80.000,- oder wenigstens auf Zahlung von DM 10.000,-?

§ 4   Sonstige Mängel

21. Welche sonstigen, zur Nichtigkeit führenden Mängel kennen Sie?

22. Stadtdirektor S ist sich mit dem Bauunternehmer B darüber einig, daß der B den Zuschlag für den Neubau der städtischen Feuerwache erhalten soll, obwohl der B eines der teuersten Angebote vorgelegt hat. Dafür will B dem S kostenlos dessen Einfamilienhaus im Rohbau errichten. Als B zwar die Feuerwache baut, sich mit dem Beginn der Bauarbeiten am Einfamilienhaus aber Zeit läßt, will S den B auf Einhaltung der Vereinbarung verklagen.

23. Der Freier F hat die Dirne D besucht und mit ihr den ihm wesentlichen Teil des Geschäfts abgewickelt. Zur Bezahlung hat F ihr einen Hundertmarkschein überreicht. Als D damit die tägliche Friseurrechnung bezahlen will, stellt sich heraus, daß es sich um Falschgeld handelt. Erscheint eine Klage der D gegen F vor dem Amtsgericht auf Zahlung von DM 100,- als aussichtsreich?

24. Die Teilzahlungsbank G gibt dem Darlehensnehmer S einen Kleinkredit zur Anschaffung einer Schlafzimmereinrichtung samt Wasserbett in Höhe von DM 18.000,-. Für die zweijährige Überlassung des Geldes berechnet die G einen jährlichen Effektivzins von 45 %. Als S aus Geldmangel die Rückzahlung einstellt, verlangt G in Übereinstimmung mit einer entsprechenden Vertragsklausel den Gesamtdarlehensbetrag abzüglich bisher geleisteter Tilgungen zurück sowie zusätzlich die bisher anteilig verbrauchten Zinsen in Höhe von DM 3.000,-. Zu recht?

25. K und der tierliebe V einigen sich über den Kauf von "Caesar", einem Haustier des V. K denkt dabei an das lammfromme Reitpferd des V, während V seinen bissigen Schäferhund meint, der auch Caesar heißt. Als K DM 500,- bezahlt und das Pferd mitnehmen will, weigert sich V und bietet nur den Hund an. Hat K einen Anspruch auf Übereignung des Pferdes?

(4) Kontrollfragen

26. Nehmen Sie Stellung zum "Konkurrenzproblem" zwischen § 123 BGB bei Kaufverträgen einerseits und § 463 BGB andererseits.

27. Originalhausarbeit "Übungen BGB für Anfänger" (14 Tage):

Der 17jährige Kunststudent S, der sich während der Semesterferien zu Haus aufhält, bittet seinen am Studienort in München befindlichen Freund F brieflich, für ihn einen Kupferstich bei dem Antiquitätenhändler A zu kaufen. Er teilt F mit, er habe sich den Kupferstich während des Semesters angesehen und mit A bereits einen Kaufpreis von DM 50,- ausgehandelt. A sei auch darüber unterrichtet, daß F den Kauf im Namen des S ausführen soll. S bittet den F weiterhin, den Kaufpreis von dem Geld zu bezahlen, das er, F, ihm noch schulde. S hatte dem F DM 50,- geliehen, die ihm von seinem Vater V - seine Mutter ist vor zwei Jahren gestorben - zur Anschaffung von Büchern für das Studium überlassen worden waren.

Mit gleicher Post schreibt S an A, er habe F bevollmächtigt, in seinem Namen den von ihm ausgesuchten Kupferstich zum vereinbarten Preis zu kaufen. Er legt dem Brief eine Genehmigungserklärung bei - sein Vater V sei einverstanden -, die er selbst hergestellt hat, indem er einen von V unterzeichneten Briefbogen entsprechend ausgefüllt hat. V wußte davon nichts.

Welche Ansprüche hat A, nachdem sich nach Abwicklung des Geschäfts wie von S geplant herausstellt, daß es sich um einen Kupferstich des berühmten italienischen Meisters Piranesi handelt, der einen wirklichen Wert von DM 800,- hat, zu dem S den Kupferstich dann auch an den Kunsthändler K verkauft?

(5)   <u>Zur Vertiefung in der Arbeitsgemeinschaft</u>

28.   Besprechungsfall:

Die Studentinnen der Philologie Renate und Ida wollen mit den Studenten der Rechtswissenschaft Rainer und Ingo ein gemeinsames Wochenende auf Borkum verbringen. Auftragsgemäß schreibt Renate an das Hotel Strandeslust:

"Hiermit bestelle ich für mich und meine drei Bekannten zwei Doppelzimmer für die Nacht vom 19./20. Juni 1989 zum Preise von DM 55,- je Doppelzimmer. Eine Bestätigung Ihrerseits ist nicht erforderlich, wenn die Reservierung in Ordnung geht."

Der Inhaber M des Hotels Strandeslust, der den Brief im Mai 1988 erhält, ist erstaunt, daß die Gäste sich schon für 1989 anmelden; da er jedoch häufig lange im voraus ausgebucht ist, mißt er dem keine weitere Bedeutung bei.

Am 19. Juni 1988 treffen Renate, Ida, Rainer und Ingo auf Borkum ein. Mit großem Ärger müssen sie feststellen, daß keine Zimmer im Hotel Strandeslust noch sonstwo auf der Insel frei sind; es herrscht Hochsaison. M verweist auf die Reservierung im nächsten Jahr. Als er anfragt, für wen denn die Doppelzimmer jeweils bestimmt seien, erhält er zur Antwort, daß eine paarweise Aufteilung beabsichtigt sei (Renate und Rainer; Ida und Ingo). Hiergegen macht M grundsätzlich moralische Bedenken geltend und erklärt, er halte die Zimmer im Juni 1989 bereit, jedoch hätten die Paare dann entsprechende Heiratsurkunden vorzulegen.

Verärgert reisen Renate und Rainer sowie Ida und Ingo wieder ab. Sie denken nicht daran, im nächsten Jahr wiederzukommen. Als ein Jahr später jedem von ihnen eine Rechnung über je DM 27,50 (= 1/2 Doppelzimmer) zugeht, machen sie empört dem M gegenüber Ansprüche wegen überflüssig aufgewandter Fahrtkosten in Höhe von je DM 50,- geltend. Rechtslage?

29.   Rechtsfolge der Anfechtung ist die Nichtigkeit der Willenserklärung (§ 142 BGB). Welche Schwierigkeiten können sich daraus bei Dauerschuldverhältnissen wie seit längerem in Vollzug gesetzten Gesellschaftsverträgen und Arbeitsverträgen ergeben? Erarbeiten Sie Vorschläge zur Überwindung dieser Schwierigkeiten!

ABSCHNITT VI: STELLVERTRETUNG

Überblick über die Problemkreise:

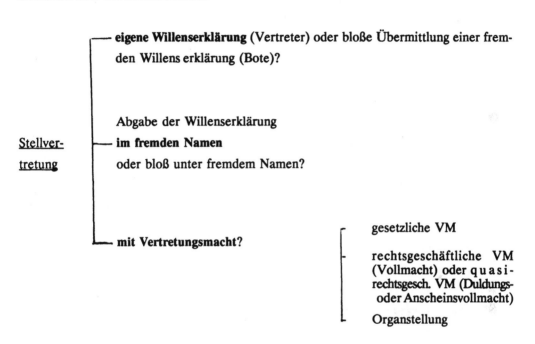

eigene **Willenserklärung** (Vertreter) oder bloße Übermittlung einer fremden Willens erklärung (Bote)?

Abgabe der Willenserklärung

im fremden Namen

oder bloß unter fremdem Namen?

Stellver-

tretung

mit Vertretungsmacht?

gesetzliche VM

rechtsgeschäftliche VM (Vollmacht) oder q u a s i - rechtsgesch. VM (Duldungs- oder Anscheinsvollmacht)

Organstellung

(1) Lernziele

Nach Durcharbeiten dieses Abschnitts sollen Sie

- zwischen verschiedenen Rechtsinstituten des Handelns für Dritte unterscheiden können;

- verschiedene Arten der Stellvertretung sowie die Voraussetzungen für deren Vorliegen nennen können;

- zwischen Bote und Vertreter differenzieren lernen;

- den Unterschied von Innenverhältnis und Außenverhältnis erklären können;

- die Rechtsinstitute der Duldungsvollmacht sowie der Anscheinsvollmacht anwenden können.

(2) Literaturhinweise

- Bähr, Grundzüge BGB, S. 135 - 152
- Brox, BGB AT, Rz. 464 - 558
- Eisenhardt, BGB AT, Rz. 250 - 290
- Kaiser, Bürgerliches Recht, S. 51 - 60
- Klunzinger, Einführung BR, S. 138 - 158
- Rüthers, BGB AT, Rz. 464 - 514
- Schmidt/Brüggemeier, Grundkurs, S. 153 - 156
- H. Westermann, Schwerpunkte BGB AT, S. 130 - 154

(3) Lernfragen

§ 1   **Allgemeines**

1.   Erläutern Sie an Hand der folgenden Beispielsfälle, in welchen Rechtsnormen und Rechtsinstituten ein Handeln für Dritte zum Ausdruck kommt. Um welche Rechtsinstitute handelt es sich?

   a)   A ist als Angestellter und Polier des Bauunternehmers U beauftragt, die Baustelle ordnungsgemäß zu sichern. Trotzdem wird ein Passant durch herabfallende Ziegel verletzt.

   b)   A beauftragt den V, für ihn bei B ein Auto zu kaufen. V führt den Auftrag aus.

   c)   Der Nachtwächter N ist im Verhältnis zu seinem Arbeitgeber A berechtigt und verpflichtet, eine bestimmte Fabrikationshalle während der Nachtstunden zu bewachen. Dabei übt N nachts insoweit die tatsächliche Sachherrschaft über das Gebäude sowie alle dort aufgestellten bzw. gelagerten Gegenstände aus.

   d)   Der Generalunternehmer G, der sich zur schlüsselfertigen Erstellung des Parlamentsneubaus in Düsseldorf verpflichtet hat, ist berechtigt und verpflichtet, hinsichtlich der Bauarbeiten verschiedene Subunternehmer zu beauftragen.

2.   Welche drei (vier) Voraussetzungen sind in Stellvertretungsfällen zu prüfen?
   [a) Zulässigkeit der Stellvertretung]
   b)
   c)
   d)

3. Erläutern Sie an Hand eines einfachen Falles der Stellvertretung mit drei Personen die Begriffe "Innenverhältnis" und "Außenverhältnis". Gibt es auch bei der Stellvertretung eine Art Abstraktionsprinzip?

§ 2   Arten der Stellvertretung

4. Welche Arten der Stellvertretung - rechtsgeschäftliche, gesetzliche oder sonstige - liegen in den folgenden Beispielsfällen vor?

   a) Die Eltern E erwerben für ihr Kind K, das Geld von seiner amerikanischen Erbtante geschenkt bekommen hat, ein Hausgrundstück.

   b) Vereinsvorstand V bestellt für den "Verband Europäischer Micky-Maus-Freunde e. V." mit Sitz in Waldhagen ein einschlägiges Jahresabonnement.

   c) Der Prokurist P, der von der Firma F auch zur Veräußerung und Belastung von Grundstücken ermächtigt ist, beauftragt den Rechtsanwalt R, für die Firma F einen Prozeß zu führen.

   d) Vater V kauft im Namen seines 17jährigen Sohnes S ein Mofa.

   e) Hausmann H kauft eine neue Waschmaschine bei V. V verlangt von A, der karriereorientierten Frau des H, Bezahlung der Maschine.

§ 3   Zulässigkeit der Stellvertretung

5. Ist die Stellvertretung in den folgenden Fällen zulässig?

   a) A, der geschäftlich und dringend in die USA verreisen muß, seinen Hochzeitstermin mit seiner Verlobten V aber nicht verschieben möchte, bittet seinen ihm ähnlich sehenden Freund F, ihn - den A - bei der Trauungszeremonie zu vertreten, dabei aber dem Standesbeamten die Stellvertretung offenkundig zu machen.

   b) E möchte sein Testament machen. Da er des Schreibens unkundig ist, diktiert er seinen letzten Willen - Beerdigung in aller Stille - seinem Freund und Nachbarn N in die Feder und unterschreibt mit drei Kreuzen.

   c) A, Alleingesellschafter und Geschäftsführer der X-GmbH, verkauft der GmbH aus seinem Privatvermögen ein Grundstück.

§ 4   Handeln im fremden Namen

6. V soll für den A das Gemälde "Drei jugendliche Grüne im Walde" beim Auktionator B ersteigern. Hierfür erteilt A dem V die Weisung, nur bis DM 10.000,- mitzubieten und gibt ihm das entsprechende Geld mit. V erhält bei DM 9.550,- den Zuschlag, und B kassiert den Kaufpreis. Hat A gegen B einen Anspruch auf Lieferung des Bildes?

7. Handelsvertreter H reist für die Firma W in Miederwaren. Als er in der Kleinstadt M-Dorf ein entsprechendes Fachgeschäft betritt, um seine neueste Kollektion für Vollschlanke zu verkaufen, trifft er dort auf Frau A. Diese verweist H an Herrn A, der im an das Ladenlokal anschließenden Büroraum über Abrechnungen brütet. Man wird schnell handelseinig. Vierzehn Tage später wird die Kollektion angeliefert, und Frau A unterschreibt den Lieferschein. Nachdem die an Herrn A lautende Rechnung nicht bezahlt wird, muß die Firma W aufgrund einer Einsichtnahme in das Handelsregeister feststellen, daß Frau A als Inhaberin des Geschäftes eingetragen und Herr A "gesetzlich eingerichtet" ist. Wie soll W vorgehen?

8. Der bekannte Politiker Dr. B übernachtet mit seiner Freundin F im Hotel des W im Sauerland. Im Gästebuch trägt er sich unter dem Namen seines Parteifreundes "Dr. C" ein. W fragt seinen Sohn (Jurastudent im ersten Semester), mit wem der Beherbergungsvertrag zustande gekommen ist.

9. Welche der folgenden Aussagen ist richtig (bitte ankreuzen)?
    a) Das Organ der juristischen Person überbringt eine Willenserklärung der juristischen Person.
    b) Das Organ gibt eine eigene Willenserklärung im Namen der jur. Person ab.
    c) Die Erklärung des Organs gilt als Erklärung der juristischen Person.
    d) Die Erklärung des Organs ist die Erklärung der juristischen Person.

§ 5   Vertretungsmacht

10. Geben Sie drei Beispiele für gesetzliche und ein Beispiel für rechtsgeschäftliche Vertretungsmacht. Wie nennt man im allgemeinen die rechtsgeschäftliche Vertretungsmacht?

11. Händler H verkauft und übergibt dem Sammler A eine alte Geige mit dem im Instrument befindlichen Zettel "Antonio Stradivarius Cremonensis 1743". Das Instrument gehört dem Violin-Virtuosen V. Kann V von A Herausgabe der Geige verlangen, wenn

   a) H sich das Instrument geliehen hatte, um es anläßlich einer Ausstellung zu zeigen, sich aber gegenüber dem A als Eigentümer aufgespielt hat?

   b) bei gleichem Sachverhalt wie unter a) der H zwar auf die Eigentümerstellung des V hinwies, gleichzeitig aber behauptet hat, er sei zum Verkauf des Instruments berechtigt?

   c) H die Violine gutgläubig von einem gewissen D erworben hatte, aber erst nach dem Verkauf an A feststellte, daß das Instrument dem V gestohlen worden war? Wegen des guten Geschäfts unternahm H nichts weiter.

   d) H ursprünglich zum Verkauf des Instruments für DM 1.000.000,- ermächtigt war, diese Vollmacht inzwischen jedoch erloschen war, der gutgläubige A sich jedoch beim Kauf auf die von H vorgelegte und vom V unterzeichnete Vollmachtsurkunde verließ?

   e) H entgegen den Weisungen des V die Violine für weniger als 1 Mio. DM verkaufte und aus der Vollmachtsurkunde die Preisweisung des V nicht hervorging?

12. V schickt seine Hausangestellte H zum Buchhändler A, um für V ein Exemplar der Monatszeitschrift "Christ und Geld" zu erwerben. V interessiert sich besonders für den darin enthaltenen offiziellen Börsendienst des Vatikans (verantwortlich: Kardinal Acconto), aus dem V verläßliche Anlagehinweise bezieht. Die H hat ganz andere Interessen und erwirbt statt dessen - im Sonderangebot - eine dreizehnbändige Sittengeschichte der Renaissance.

   a) V will die Rechnung nicht bezahlen. Rechtslage?

   b) Wie wäre es, wenn die H sich bei der Ausführung des Auftrags versprochen hätte und versehentlich die - den V nicht interessierende Wochenzeitschrift "Christ und Welt" gekauft hätte?

13. Setzen Sie zur Abgrenzung der Stellung eines Boten von der eines Vertreters die folgenden Merkmalspaare in das nachstehende Schema ein:
   - Entscheidungsspielraum/kein Entscheidungsspielraum
   - gibt fremde Willenserklärung ab/gibt eigene Willenserklärung ab

- Vertretungsmacht/Botenmacht
- kann geschäftsunfähig sein/muß zumindest beschränkt geschäftsfähig sein

	Bote	Vertreter
Handlungsbefugnis		
Auftreten		
Geltungsgrund der Willenserklärung		
Art der Geschäfts- fähigkeit		

14. V ist Inhaber eines Radiogeschäftes, und H ist bei V Verkäufer und für das Ladengeschäft zuständig. Als ein brandneues Farbfernsehgerät eintrifft, das dreidimensionales Sehen erlaubt, verbietet V dem H, dieses Gerät zu verkaufen, da er es zunächst selbst ausprobieren will. H kümmert sich nicht darum und verkauft das Gerät an G. V ist wütend und will das Fernsehgerät zurückhaben; er stellt sich auf den Standpunkt, daß gar kein Kaufvertrag zustande gekommen ist. Rechtslage?

15. Welche der folgenden Aussagen ist falsch?
    a) Mit "Innenverhältnis" bezeichnet man im Recht der Stellvertretung die Beziehung zwischen Vertreter und Vertretenem.
    b) Die Ausgestaltung des Innenverhältnisses bestimmt das rechtliche Können des Vertreters.
    c) Maßgebendes Rechtsverhältnis für die Beziehung zwischen Vertreter und Drittem ist die Vollmacht, maßgebendes Rechtsverhältnis für die Beziehung zwischen Vertreter und Vertretenem z. B. ein Arbeitsvertrag oder ein Auftrag.
    d) Botenstellung und Stellvertretung führen zu unterschiedlichen Ergebnissen im Falle des Todes des Vertretenen: Während im Falle des Todes des Vertretenen die Vollmacht erlischt, so daß der Vertreter dann ohne Vertretungsmacht handelt, kann der Bote die abgegebene Erklärung auch noch nach dem Tode des Erklärenden zugehen lassen, so daß eine Annahme noch möglich ist.
    e) Eine Willenserklärung ist nicht anfechtbar mit der Begründung, der Erklärende habe die im eigenen Namen abgegebene Erklärung eigentlich im fremden Namen

abgeben wollen.

f)   Eine Willenserklärung ist aber doch mit der Begründung anfechtbar, die im fremden Namen abgegebene Erklärung habe der Erklärende eigentlich im eigenen Namen abgeben wollen.

16.   Wie unterscheiden sich Anscheinsvollmacht und Duldungsvollmacht?

17.   V hat den Architekten H beauftragt, die notwendigen Aufträge zur Erneuerung der Installationen (Wasserversorgung und Wasserentsorgung) im Haus des V zu vergeben. Im Rahmen dieser Arbeiten läßt H auch ein neues Badezimmer anlegen. V ist entsetzt und will nicht bezahlen; er sei auch ohne Baden alt geworden.

a)   Wie ist die Rechtslage, wenn der V sich von morgens früh bis abends spät auf der Baustelle aufhielt, um die Handwerker mit gut gemeinten Ratschlägen von der Arbeit abzulenken?

b)   Wie ist die Rechtslage, wenn H die Bauaufsicht und örtliche Bauleitung hatte und der V nur ab und zu hereinschaute, um den Handwerkern Bier zu bringen und nach dem Fortgang der Arbeiten zu sehen?

(4) Kontrollfragen

18.   Originalklausur "Bürgerliches Recht für Anfänger"
     (Bearbeitungszeit: 1 1/2 Stunden)

Der Gebrauchtwagenhändler H teilt seinem Kunden K telefonisch mit, daß er ihm einen guterhaltenen Gebrauchtwagen für DM 4.500,- anbieten könne. K erwidert, daß er seinen sachverständigen Freund F schicken werde, der den Wagen besichtigen und für den Fall, daß sich die Angaben des H über den Zustand des Wagens als richtig erwiesen, für ihn - den K - kaufen solle.

Als K diesen Sachverhalt dem F mitteilt und ihn bittet, in der mit H vereinbarten Weise tätig zu werden, lehnt F das mit der Begründung ab, daß er keine Zeit habe. Er geht gleichwohl am nächsten Tag zu H, begutachtet den Wagen und erklärt, daß er ihn für DM 4.500,-, die er sofort bezahlen wolle, kaufen würde.

K erfährt von diesem Vorgang und verständigt den H, daß er die Lieferung des von F bezahlten Wagens beanspruche. F dagegen erklärt dem H, daß er den Wagen für sich und nicht für K gekauft habe; er verlangt, daß der Wagen ihm ausgehändigt wird. H ist nicht sicher, wem er aus dem Kaufvertrag verpflichtet ist; er bittet um ein Rechtsgutachten.

19. **Fall nach RGZ 106, S. 200:**

Kleiderfabrikant F sieht auf der Messe grauen Flanellstoff des Tuchhändlers T. Er bittet T, ihm gelegentlich ein Angebot zu machen. Einige Wochen später geht bei F ein Schreiben des T ein, worin T schreibt, der Flanell, den er liefern könne, falle etwas anders aus als der auf der Messe gezeigte Stoff. Es liegt eine Probe an. Dieses Schreiben bleibt ungeöffnet bei F liegen, weil dieser sich gerade auf einer Geschäftsreise befindet und den Ein- und Verkauf persönlich vornimmt. Während der Geschäftsreise erhält F einen größeren Auftrag zur Anfertigung von grauen Anzügen. Er telegraphiert deshalb an sein Büro: "Bei T fünf Ballen grauen Flanell wie besichtigt kaufen. Möglichst fünf Prozent Skonto erreichen. Auf jeden Fall aber abschließen." Büroangestellter V setzt sich daraufhin sofort mit T in Verbindung. Bei den Verhandlungen geht es nur noch um den Preis, weil V davon ausgeht, T wisse, was F "besichtigt habe". V erreicht drei Prozent Skonto und schließt ab. Als F von der Geschäftsreise zurückkommt, hat T schon geliefert. F muß feststellen, daß der Flanell der übersandten Probe nicht dem auf der Messe besichtigten Stoff entspricht. F möchte deshalb vom Vertrage loskommen. T verlangt jedoch Bezahlung.

20. **Originalhausarbeit "BGB für Anfänger"**

(Bearbeitungszeit: vier Wochen)

A will sich ein neues Fernsehgerät zulegen. Er geht in das Radiogeschäft des I, wo er von der Ladenangestellten L bedient wird. Er sucht sich ein bestimmtes Gerät aus, bezahlt den Kaufpreis von DM 671,- sofort und vereinbart mit L, daß ihm das Gerät ins Haus geliefert wird. L veranlaßt den in der Werkstatt beschäftigten Gesellen G, das von A gekaufte Gerät in dessen Wohnung zu bringen. Als G in dem Haus, in dem A wohnt, die Treppe hochsteigt, verfehlt er aus Unachtsamkeit eine Stufe und stürzt so unglücklich, daß dabei das Fernsehgerät und ein Teil des Treppengeländers zu Bruch gehen. Als G mit den Trümmern des in einer Kiste verpackten Fernsehgerätes in der Wohnung des A erscheint, zerreißt er mit einem aus der Kiste herausragenden Nagel den in der Garderobe hängenden Mantel der Ehefrau des A.

A, seine Ehefrau F und der Hauseigentümer E wollen wissen, ob und welche Ansprüche sie gegen I haben. L und G sind vermögenslos.

I bestreitet, zu irgendetwas verpflichtet zu sein. Er beruft sich darauf, daß die L weder befugt gewesen sei, besondere Vereinbarungen über die Auslieferung gekaufter Geräte zu treffen noch dazu, dem G die Auslieferung aufzutragen. I weist sodann darauf hin, daß er G und L aufgrund einwandfreier Zeugnisse eingestellt habe und daß diese sich bislang noch keinerlei Verfehlungen hätten zuschulden kommen lassen. Wie ist zu entscheiden?

21. Erklären Sie, was unter "Handeln unter fremdem Namen" zu verstehen ist und bilden Sie ein Beispiel!

(5) <u>Zur Vertiefung in der Arbeitsgemeinschaft</u>

22. Test zum Vertretungsrecht

1. Bitte ankreuzen: Würden Sie meinen, daß die Stellvertretung heute gegenüber früher
    a) an Bedeutung eingebüßt hat?
    b) viel bedeutender geworden ist?
    c) etwa gleich bedeutend geblieben ist?   (2 Punkte)

2. Welches wichtige Prinzip der Stellvertretung kommt in § 164 BGB zum Ausdruck? (2 Punkte)

    ....

3. Geben Sie ein Beispiel für gesetzliche Stellvertretung!
    (3 Punkte)

    ....

4. Welche dreistufige Prüfungsfolge empfiehlt sich im Vertretungsrecht?   (3 Punkte)
    a) ....
    b) ....
    c) ....

5. Würden Sie die Stellvertretung auf folgenden Rechtsgebieten grundsätzlich für zulässig halten? (Bitte ankreuzen; 1 Punkt pro richtige Antwort)
   a) Schuldrecht
   b) Sachenrecht
   c) Familienrecht
   d) Erbrecht
   e) Handelsrecht

6. Nennen Sie mindestens zwei Kriterien, durch die sich Bote und Stellvertreter unterscheiden! (4 Punkte)
   a) ....
   b) ....

7. Streichen Sie bitte im folgenden Text die falschen Wörter durch! (1 Punkt für jede richtige Streichung)
   Die zwischen Vertreter/Bevollmächtigtem und Vertretenem/Vollmachtgeber bestehende Rechtsbeziehung nennt man Außenverhältnis/Innenverhältnis. Es regelt das rechtliche Dürfen/Können des Vertretenen/Vertreters und kann beliebig beschränkt/überhaupt nicht beschränkt werden.
   Dagegen heißt das Verhältnis zwischen dem Geschäftsgegner/Geschäftspartner und dem Vollmachtgeber/Bevollmächtigten Innenverhältnis/Außenverhältnis und bestimmt das rechtliche Dürfen/Können des Bevollmächtigten. Dieses Verhältnis kann durch einfache Erklärung gg. dem Bevollmächtigten/Geschäftspartner/Geschäftsgegner beschränkt und in bestimmten im HGB geregelten Fällen gar nicht beschränkt werden (vgl. § 50 I HGB).

23. Diskutieren Sie die folgende These:
    "Das Rechtsinstitut der Anscheinsvollmacht ist nach unserer Rechtsordnung nicht anzuerkennen. Eine Vertretungsmacht in diesen Fällen zu bejahen hieße, daß bloße Fahrlässigkeit zur Fiktion einer Willenserklärung ausreicht, ohne daß eine Anfechtungsmöglichkeit besteht."

24. Besprechungsfall:

Die Stadt ist Trägerin der Pestalozzi-Grundschule. Nach dem Geschäftsverteilungsplan der Stadt S ist der Rektor einer Grundschule berechtigt, Sachmittel bis zu einem Betrag von DM 100,- selbst einzukaufen. Die Rechnungen werden jeweils durch die Stadtkasse auf Anweisung des Schulamtes beglichen.

Als das Toilettenpapier ausgegangen ist, ruft Rektor R am 10.03.1989 bei der Hygiene-GmbH an, von der die städtischen Schulen regelmäßig mit Toilettenpapier der Marke "Ade", Rolle zu je 500 Blatt zum Einzelpreis von DM 1,98 beliefert werden. Auf die Frage des Angestellten der Hygiene-GmbH, wieviel Gros Rollen geliefert werden sollten, antwortet R: "25 Gros".

Am 11.03.1989 werden 25 Gros Rollen Toilettenpapier (Gros = 12 x 12) angeliefert. Der Hausmeister nimmt verwundert die 3.600 Rollen entgegen, die teilweise im Geräteraum der Turnhalle gelagert werden, weil die Lagerfläche nicht ausreicht. Eine Rückfrage bei R ist nicht möglich, da R an diesem Tag wegen einer Beerdigung nicht in der Schule anwesend ist. Am folgenden Tag berichtet der Hausmeister sofort dem R, der jedoch nichts unternimmt.

Das Schulamt verweigert mit Schreiben vom 02.04.1989 gegenüber der Hygiene-GmbH die Bezahlung der Rechnung über DM 7.128,- mit dem Hinweis, R sei nur berechtigt, Kaufverträge bis zu einem Preis von DM 100,- abzuschließen.

Daraufhin verlangt die Hygiene-GmbH mit Schreiben vom 08.04.1989 von R Zahlung des Kaufpreises. R teilt der Hygiene-GmbH am 10.04.1989 mit, er habe bei der Bestellung nicht gewußt, was die Mengenbezeichnung "Gros" bedeute. Er habe lediglich "25 Doppelpack" Toilettenpapier, insgesamt nur 50 Rollen bestellen wollen. Der Hygiene-GmbH hätte es selbst auffallen müssen, daß eine Grundschule mit rd. 320 Schülerinnen und Schülern nicht "auf einen Schlag" 3.600 Rollen Toilettenpapier bestellt.

Welche Ansprüche hat die Hygiene-GmbH gegen die Stadt S und gegen R?

ABSCHNITT VII: VEREINSRECHT

(1) Lernziele

Nach Durcharbeiten dieses Abschnitts sollen Sie

- zwischen wirtschaftlichen und nichtwirtschaftlichen Vereinen unterscheiden können;
- einige Großvereine nennen können;
- die Unterschiede zwischen Verein und BGB-Gesellschaft benennen können;
- die Norm des § 31 BGB anzuwenden vermögen und
- zwischen Innen- und Außenverhältnis im Rahmen der Teilnahme von Vereinen am Rechtsverkehr differenzieren können.

(2) Literaturhinweise

- Bähr, Grundzüge BGB, S. 32 - 36
- Brox, BGB AT, Rz. 680 - 726
- Kaiser, Bürgerliches Recht, S. 10 - 15
- Klunzinger, Einführung BR, S. 26 - 29 sowie S. 32 - 35
- E. Sauter/G. Schweyer, Der eingetragene Verein, 13. Aufl. München 1986, insbes. Rz. 1, 32 ff. sowie Rz. 386 ff.
- H. Westermann, Schwerpunkte BGB AT, S. 24 - 58

(3) Lernfragen

1. Das Gesetz unterscheidet in §§ 21, 22 BGB zwischen wirtschaftlichen Vereinen und Idealvereinen. Wie ist die Abgrenzung vorzunehmen?

2. Welche der folgenden Institutionen (bitte ankreuzen) werden nach Ihrer Auffassung als Idealverein (x), welche als wirtschaftlicher Verein (xx) geführt?
   a) TÜV (Technische Überwachungsvereine)
   b) ADAC
   c) Bundesliga-Fußballclubs
   d) Deutsches Rotes Kreuz
   e) Bergwacht

f) DFB

g) Max-Planck-Gesellschaft

h) BDI

Was spricht Ihrer Meinung nach in den mit x bezeichneten Fällen für, was gegen die Führung als Idealverein?

3. Durch welche drei Merkmale unterscheidet sich der Verein von der BGB-Gesellschaft hauptsächlich?

Verein	BGB-Gesellschaft

4. Elf Studenten und elf Studentinnen des Anfängersemesters Jura wollen mit- und gegeneinander Fußballspielen. Sie haben zusammengelegt und einen Ball gekauft. A meint, man müsse die Eintragung ins Vereinsregister erwirken, "um die Angelegenheit zu legalisieren". Ist das ohne weiteres möglich?

5. Vorstand V des Vereins zur Förderung der Freikörperkultur e.V. mit Sitz in D-Dorf sieht sich im Geschäft des G Trimmgeräte an, die er - auf Beschluß der Mitgliederversammlung - zur Belebung der wöchentlichen Vereinstreffen anschaffen soll. Während V gedankenverloren durch das Geschäftslokal schlendert, stößt er leicht fahrlässig eine chinesische Vase aus der Ming-Zeit um, die dem kunstbeflissenen G gehört. Die Vase zerspringt in tausend Stücke. G möchte von V oder vom Verein Schadensersatz in Höhe von DM 4.500,-. Welche Anspruchsgrundlagen kommen in Betracht?

(4) Kontrollfragen

6. A, B, C und D aus München sind des Arbeitnehmerdaseins als Kfz-Mechaniker müde und wollen in den Gebraucht- und Neuwagenhandel einsteigen. Da die vier wegen eines ausgeprägten Bedürfnisses zu Feiereien während der Arbeitszeit immer nur "Der lustige Verein" genannt werden, beschließen sie, die Rechtsform des eingetragenen Vereins zu wählen, zumal sie aus ihrer Mitgliedschaft im örtlichen Fußballverein über erhebliche Erfahrungen in den rechtlichen und gesellschaftlichen Ausprägungen des Vereinslebens verfügen.

    Auf einen endgültigen Vereinsnamen können sich A - D einstweilen noch nicht einigen; vorerst soll "Allgemeiner Deutscher Automobilclub" eingetragen werden. Da man sich völlig einig ist und den autoritär-patriarchalischen Führungsstil, wie er in der alten Firma herrschte, endgültig satt hat, möchte man auf die Wahl eines Vorstandes verzichten. Als Stammkapital will jeder zunächst DM 1.000,- einzahlen, um dann auch am jährlichen Gewinn mit je einem Viertel beteiligt zu sein. Zur Vermeidung unnötigen Papierkrams wird folgender Vereinsvertrag auf Tonband diktiert:

    > "§ 1 Der Allgemeine Deutsche Automobilclub hat A, B, C und D zu Mitgliedern.
    >
    > § 2 Weitere Mitglieder sollen nicht aufgenommen werden.
    >
    > § 3 Wenn A stirbt, treten seine tüchtigen Söhne X und Y in den Verein ein, sobald sie volljährig geworden sind.
    >
    > § 4 Die Haftung des Vereins für Schäden, die durch den Verein oder seine Mitglieder hervorgerufen werden, soll auf je DM 1.000,- je Schadensfall begrenzt sein."

    Können A, B, C und D die Eintragung ins Vereinsregister von München erreichen?

7. Können auch Nichtmitglieder in den Vorstand eines eingetragenen Vereins gewählt werden?

8. Erarbeiten Sie einen Katalog der zwingenden und einen solchen der dispositiven Vorschriften des Vereinsrechts (vgl. § 40 BGB). Welches Differenzierungskriterium steckt nach Ihrer Auffassung hinter dieser Unterscheidung?

(5) Zur Vertiefung in der Arbeitsgemeinschaft

P l a n s p i e l

"Gründung eines Umweltschutzvereins e. V."

Arbeitsunterlage A: Allgemeine Anweisung

I. Spielziele und Teilnehmer

Es soll ein Umweltschutzverein in der Rechtsform des eingetragenen Vereins gegründet werden, der insbesondere den Zweck hat, den Bau der Bundesautobahn "Ostfriesenspieß" zu verhindern. Dazu haben sich im Gasthaus "Zum alternativen Trinker" in E-Stadt (Bundesland L) über 20 Gründungsinteressenten aller politischen Richtungen eingefunden. Sie sind an der Gründung stark interessiert und bemüht, möglichst rasch alle "Formalien" zu erfüllen, um dann an die eigentliche Arbeit gehen zu können.

Anwesend sind insbesondere:

- drei Hauptinitiatoren, darunter der bekannte Ökologe Prof. Dr. Stephan Spielberg (als Sachverständiger)
- ein Beobachter von der Bundesvereinigung Bürgerinitiativen Umweltschutz (BBU) e. V., der als sach- und rechtskundiger Berater zur Verfügung steht (AG-Leiter)
- aus den Reihen der Teilnehmer zu wählende Akteure (Versammlungsleiter, Protokollführer)
- ein Assistent des Versammlungsleiters (für die Stimmauszählung und für die Diskussionsliste)
- eine Gruppe mit noch nicht zu identifizierenden Sonderaufgaben.

II. Lernziele

Es sollen die theoretisch erarbeiteten Minimalvoraussetzungen für die Gründung eines e. V. praktisch umgesetzt werden. Gleichzeitig sollen die Teilnehmer des Planspieles Erfahrungen mit dem Ablauf von Versammlungen und Sitzungen sammeln und die dort üblichen Formalien beherrschen lernen.

III. Tagesordnung

Jede Sitzung hat eine Tagesordnung, die den angesprochenen Teilnehmern regelmäßig und satzungsgemäß ein bis zwei Wochen vor der Sitzung bekanntzugeben ist. Dies ist vorliegend in Verbindung mit einem (hier nicht abgedruckten) Einladungsschreiben ordnungsgemäß geschehen.

Die vorgeschlagene Tagesordnung hat folgendes Aussehen:

Top 1:   Feststellung der Zahl sowie der Anschriften und Berufe der Teilnehmer

Top 2:   Wahl von Versammlungsleiter und Protokollführer

Top 3:   Feststellung der Tagesordnung

Top 4:   Kurzvortrag zum Thema "Ostfriesenspieß und Ökologie" Referent: Prof. Dr. rer. nat. Stephan **Spielberg**. Anschließend Diskussion.

Top 5:   Feststellung der Satzung und Gründung des Vereins durch Unterschreiben der Satzung

Top 6:   Festsetzung des Jahresbeitrages; Vorschlag: DM 100,-- pro Mitglied

Top 7:   Wahlen

      - Vorsitzender des Vorstandes

      - Stellvertreter

      - Kassenwart

      - Protokollführer

      - Beauftragter für Umweltschutz

Top 8:   Verschiedenes

Top 9:   Dankworte des Vorsitzenden und Schluß der Versammlung

Arbeitsunterlage B: Kollisionsgruppe

Sie sind drei Versammlungsteilnehmer, die im Saal verteilt sitzen und das gemeinsame Ziel haben, die Gründung des Umweltschutzvereins entweder ganz zu verhindern oder aber zu verzögern bzw. die Aktivitäten der Mitglieder zu dämpfen. Ohne daß es die anderen

Teilnehmer merken sollen, sind Sie anwesend

1) als Vertreter der Straßenbaubehörde

2) als Beauftragter der beteiligten Baufirma

3) als Lobbyist des Güterkraftverkehrsgewerbes und agieren gemäß obigem Ziel.

Mittel zur Erreichung Ihres Zieles können etwa sein:

Top 1:   Äußerung datenschutzrechtlicher Bedenken gegen die Erfassung der An-
          schriften und Berufe der Mitglieder (Diskussion anheizen)

Top 2:   Versuch, einen eigenen Mann zum Versammlungsleiter zu wählen

Top 3:   Änderungsvorschläge überlegen und einbringen (Abstimmung erzwingen)

Top 4:   bei der Diskussion herausstellen

- Nützlichkeit des Ostfriesenspießes (Erschließung des strukturschwachen
  Emslandes sowie Anbindung von Ostfriesland an das Ruhrgebiet)

- geringe Umweltbeeinträchtigung

- Planungsstadium schon so weit fortgeschritten, daß Hinderungsversuche
  zwecklos

Top 5:   Änderungsvorschläge zur Satzung überlegen

Top 6:   Jahresbeitrag muß möglichst niedrig sein, damit Verein handlungsunfähig wird

Top 7:   Versuchen Sie einen der Ihren wenigstens zum stellvertretenden Vorsitzenden
          zu machen, um über alle Aktivitäten rechtzeitig informiert zu sein

Top 8:   Überlegen Sie sich Punkte, um die Sitzung zu verzögern und Aktivitäten zu
          verhindern

Versuchen Sie, mit verteilten Rollen zu arbeiten, damit nicht auffällt, daß Sie als Gruppe Ihr
Verhalten abgestimmt haben. Bleiben Sie sachlich, denn dem Versammlungsleiter stehen
Ordnungsmittel bis zum Hinauswurf zur Verfügung; Sie sollen schließlich zu Hause über
Verlauf und Ergebnis der Sitzung berichten und müssen daher bis zum Schluß teilnehmen.

Arbeitsunterlage C: Anweisungen an den Initiator I (geplanter Versammlungsleiter)

Sie sind der Hauptinitiator der Gründung eines Umweltschutzvereines gegen den Ostfriesenspieß und gleichzeitig der älteste und erfahrenste Teilnehmer an der Versamm-

lung. Sie sollen - auf Vorschlag von Initiator II - die Versammlung leiten.

Dabei müssen Sie mit Störungen und Verzögerungen rechnen. Sie haben jedoch das Hausrecht und damit die Möglichkeit, das Wort zu entziehen und störende Teilnehmer des Saales zu verweisen (davon möglichst keinen Gebrauch machen). Im übrigen müssen Sie auf Ausgleich bedacht sein, dürfen aber auf keinen Fall das Ziel - Gründung des Vereins - aus den Augen verlieren.

Vor Top 1: Beginnen Sie etwa mit dem Satz:

"Hiermit eröffne ich die Versammlung zur Gründung eines Umweltschutzvereines, dessen Ziel es insbesondere sein soll, die Autobahn "Ostfriesenspieß" zu verhindern oder aber die planerischen Auswirkungen auf die Umwelt wenigstens abzumildern. Ich freue mich, daß Sie so zahlreich erschienen sind und möchte Sie alle recht herzlich willkommen heißen, an der Gründung des Vereins mitzuarbeiten."

Rufen Sie dann Top 1 auf.

Top 1:   Reichen Sie die Teilnehmerliste herum, in die sich alle Anwesenden nach Name und Anschrift sowie Beruf eintragen sollen.

         Wenn rechtliche Bedenken - etwa datenschutzrechtlicher Art - erhoben werden sollten, erteilen Sie dem Beobachter der BBU (AG-Leiter) das Wort.

Top 2:   Fragen Sie nach Vorschlägen betreffend die Wahl zum Versammlungsleiter und zum Protokollführer. Initiator II hält Vorschläge bereit. Lassen Sie dann abstimmen in der Reihenfolge der Vorschläge (Protokollführer hat die Namen festgehalten, Sie können immer bei ihm rückfragen):

         - Wer stimmt dafür?

         - Wer stimmt gegen den Vorschlag?

         - Wer enthält sich der Stimme?

         Stimmen Sie jeden Wahlvorschlag getrennt ab und lassen Sie die Ergebnisse notieren; gewählt ist, wer die meisten Ja-Stimmen auf sich vereinigt (andere Wahlverfahren sind komplizierter).

         Abstimmungen und Wahlen erfolgen normalerweise (offen) durch Handzeichen, nur auf Verlangen von einem Drittel der Mitglieder geheim (also schriftlich durch Stimmzettel).

         Vermeiden Sie letztere Abstimmungsmethode wegen des großen Zeitaufwandes.

Geben Sie das Ergebnis der Wahl bekannt, nachdem Ihr Assistent (zur Rechten) die Stimmen ausgezählt hat.

Versuchen Sie bei dieser Anleitung, jeweils nur einen Satz im voraus zu lesen, um sich dann wieder auf die Versammlung zu konzentrieren; die Kenntnis des allernächsten Schrittes reicht aus.

Top 3: Falls es Wortmeldungen zur Veränderung der Tagesordnung gibt (Handzeichen), erteilen Sie dem Betreffenden das Wort. Ihr Assistent führt die Rednerliste (Reihenfolge der Wortmeldungen). Außer dem Tutor sind Sie der einzige, der unangemeldet jederzeit reden darf.

Sorgen Sie für kurze Wortbeiträge und lassen Sie erforderlichenfalls möglichst rasch und zügig abstimmen.

Stellen Sie dann die (eventuell veränderte) Tagesordnung fest.

Top 4: Erteilen Sie nunmehr Prof. Dr. Spielberg das Wort. Versuchen Sie, die anschließende Diskussion zu lenken und zu strukturieren. Brechen Sie nach ca. 10 Minuten mit dem Hinweis ab, daß Ihres Erachtens die wichtigsten Gesichtspunkte nunmehr vorgetragen seien und außerdem das Versammlungslokal nur bis ... Uhr zur Verfügung stehe.

Top 5: Dies ist der schwierigste Tagesordnungspunkt. Lesen Sie die anliegende Satzung Paragraph für Paragraph vor (eventuell kleinere Untergliederungen in Absätze und Sätze) und lassen Sie nach entsprechender Wortmeldung Gegenvorschläge genau und abstimmungsfähig formulieren. Sodann ist für diesen Paragraphen (Absatz, Satz) abzustimmen, es sei denn, es gibt weitere Änderungsvorschläge. Reihenfolge der Abstimmung:

1. Erste Änderung

2. Zweiter Änderungsvorschlag usw.

3. Zum Schluß: Mustersatzung (Entwurf)

Die einfache Mehrheit reicht für die Annahme grds. aus. Um aber zu vermeiden, daß Teilnehmer später nicht unterschreiben, sollten möglichst viele gewonnen werden; daher Zwei-Drittel-Mehrheit wie bei Satzungsänderungen ausreichen lassen. Lassen Sie schließlich die Satzung von allen Interessenten wie festgestellt unterschreiben (es gilt der nicht durchgestrichene Text als Zusammenschau der rechten und der linken Spalte) und erklären Sie den Verein für gegründet.

Top 6: Der Jahresbeitrag darf nicht zu niedrig sein, weil sonst der Verein leicht handlungsunfähig wird.

Top 7: Sammeln Sie Wahlvorschläge und lassen Sie für jeden Posten einzeln abstimmen (einfache Mehrheit). Sie selbst sollen auf Vorschlag von Initiator II Vorsitzender werden. Versuchen Sie, möglichst wenig Zeit zu verlieren.

Top 8: Fragen Sie: "Wird noch das Wort gewünscht?", nachdem Sie diesen Tagesordnungspunkt aufgerufen haben.

Top 9: Sollten Sie - plangemäß - zum Vorsitzenden des Vorstands gewählt worden sein, halten Sie zum Schluß eine kurze Ansprache etwa mit folgendem Inhalt:

- Dank für Wahl

- wichtigste Arbeitsaufgabe: Einsichtnahme in die Planungsunterlagen "Ostfriesenspieß"

- anschließend Bericht gg. Mitgliedern

- Kontaktaufnahme BBU e. V.

- Koordinierung der Aktivitäten mit anderen Vereinen, die den Ostfriesenspieß verhindern wollen

- Ankündigung einer außerordentlichen Mitgliederversammlung in etwa drei Monaten

- Schließen der Versammlung nach nochmaligem Dank an alle Beteiligten

Zu Ihrer Unterstützung dienen nicht nur Assistent und Protokollführer, sondern auch der AG-Leiter (in der Rolle des Beobachters der BBU). An diesen können Sie sich jederzeit wenden, und dieser wird auch (rechts- und sachkundig) eingreifen, wenn es schwierig wird.

Arbeitsunterlage D: Anweisungen für Initiator II

Sie sind einer/eine der Hauptinitiatoren und haben das Ziel, den Verein auf jeden Fall zu gründen. Ihre Hauptfunktion ist es, den Initiator I (Versammlungsleiter) zu unterstützen und Angriffe auf ihn oder auf den Verein abzublocken. Überlegen Sie sich dazu Formulierungen wie:

"Dieser Einwand liegt neben der Sache, wichtig ist doch nur eines: Der Verein muß als Träger aller in Betracht kommenden Umweltschutzmaßnahmen auf jeden Fall gegründet werden!"
Im übrigen verfolgen Sie z. B. diese Strategien:

<u>Top 2:</u>   Schlagen Sie den Initiator I (bisheriger Versammlungsleiter) auch - wegen seiner besonderen Sachkompetenz - als weiterer Versammlungsleiter vor.

<u>Top 3:</u>   Unterstützen Sie die Tagesordnung. Versuchen Sie, möglichst oft auf die Rednerliste (Handzeichen) zu kommen, um die Gründung beredt zu unterstützen. Gibt es nichts zu sagen, so können Sie sich wie folgt aus der Affäre ziehen: "Mein Beitrag hat sich inzwischen erledigt."

<u>Top 4:</u>   Unterstützen Sie die Thesen des Kurzreferates in der Diskussion. Gegenredner sollten Sie zu isolieren oder lächerlich zu machen versuchen.

<u>Top 5:</u>   Stimmen Sie für die Mustersatzung

<u>Top 6:</u>   Der Jahresbeitrag darf nicht niedriger sein, weil der Verein sonst nicht handlungsfähig ist.

<u>Top 7:</u>   Halten Sie Vorschläge (= Namen von Kolleginnen und Kollegen) für die Wahlen bereit:
- Vorsitzender: Initiator I (Versammlungsleiter)
- Stellvertreter: Prof. Dr. Spielberg
- Protokollführer: bisheriger Protokollführer
- übrige: Bekannte von Ihnen

Sollte der Versammlungsleiter Schwierigkeiten bekommen oder nicht weiter wissen, müssen Sie das Wort ergreifen und die Zeit überbrücken.

<u>Arbeitsunterlage E:</u> Anweisungen für Initiator III

Ihre Aufgabe ist es, als Sachverständiger der Ökologie Prof. Dr. rer. nat. Stephan **Spielberg** zu Top 4 einen Kurzvortrag zu halten, der das Ziel der Versammlung
- Verhinderung der Bundesautobahn "Ostfriesenspieß"
und das Mittel
- Gründung eines Umweltschutzvereins

plausibel und wünschenswert erscheinen läßt. Benutzen Sie für Ihren Vortrag (3 - 5 Min.) etwa folgende Stichwörter:

I. Autobahnbau und Umweltschutz

- Gefahren der Autobahnen allgemein für die Umwelt: Lärm, Abgase
- dadurch Bedrohung von Leben und Gesundheit der Menschen
- Unfallgefahren für Tiere
- Gifte gelangen durch die Nahrungsmittelkette in den menschlichen Körper (Wiese an der BAB - Kühe - Milch - Mensch - Mutter - Schädigung des Säuglings)
- Gefahren der psychischen Zerrüttung durch Lärm (Wohnungen an Autobahn)
- Abwägung des Zieles "schneller Personen- und Gütertransport" mit dem Ziel "Umweltschutz" ergibt eine Priorität von Mensch und Umwelt.

II. Spezielle Gefahren der BAB "Ostfriesenspieß"

- Ostfriesenspieß = Kurzbezeichnung für die Emslandautobahn (Münster, Oldenburg, Ostfriesland)
- durch die Streckenführung werden gewachsene bäuerliche Strukturen zerstört (tragisches Einzelschicksal einer auseinandergerissenen Großfamilie erfinden)
- bedroht sind insbesondere auch Wälder und Moor
- Sauerstoffanreicherung durch die vorhandenen Wälder; deren Abholzung muß daher verhindert werden
- vorhandene Moore (Feuchtgebiete) sind letzte Überbleibsel einer ehemals artreichen, inzwischen fast untergegangenen Flora und Fauna
- durch den Ostfriesenspieß wird Leben vernichtet, und Landschaftscharakteristika werden unwiederbringlich zerstört.

III. Fazit

1. Ziel: Autobahn muß überhaupt verhindert werden
2. Ziel: Wenn BAB letztlich nicht zu verhindern ist, muß die Planung wenigstens umwelt-adäquat angepaßt werden, wobei für die Tätigkeit des Vereins folgende Mittel in Betracht kommen:

- Einsichtnahme in Planungsunterlagen
- Gewinnung betroffener Eigentümer zu Mitgliedern, Mobilisierung der übrigen Bevölkerung
- eventuell Ankauf eigener Grundstücke, um Klagerechte zu erwerben
- Beratung und finanzielle Unterstützung bei Einsprüchen und Klagen
- Organisation von (selbstverständlich friedlichen) Demonstrationen und Protestmärschen

Versuchen Sie, die Rolle eines sachkundigen, abwägenden Hochschullehrers zu spielen und dadurch entsprechende Sachautorität zu gewinnen. Antworten Sie Gegnern ruhig und bestimmt, unterstützen Sie die Befürworter durch Diskussionsbeiträge.

Arbeitsunterlage F: Anweisungen an den AG-Leiter

Ihre Funktion ist die des
  Beobachters der Bundesvereinigung Bürgerinitiativen Umweltschutz (BBU) e. V.
Sie sind rechtskundig, haben die Mustersatzung zur Verfügung gestellt und wollen die Gründung mit Rat und Tat unterstützen. Üben Sie diese Funktion aber so sparsam wie irgend möglich aus: Ihr Ziel ist es, möglichst wenig einzugreifen. Wenn dies doch geschieht, dann möglichst im Rahmen einer regulären Wortmeldung (an den Assistenten des Versammlungsleiters).
Nehmen Sie die Versammlung auf Tonband auf, wenn die Teilnehmer dies gestatten.
In einer kurzen Einführung sollten Sie die Ziele des Planspiels erläutern und die wichtigsten Akteure vorstellen. Dies gilt nicht für die Mitglieder der Kollisionsgruppe.

Arbeitsunterlage G: Anweisungen an den Assistenten des Versammlungsleiters

Sie sind einer der Mitinitiatoren und vom Versammlungsleiter auserkoren, diesen bei der Durchführung seiner schwierigen Aufgabe zu unterstützen. Sie sitzen rechts neben dem Versammlungsleiter. Ihre Unterstützungs- und Entlastungsfunktion nehmen Sie wie folgt wahr:

1) Sie führen die Rednerliste, indem Sie alle Wortmeldungen (Handzeichen) auf einem

Zettel notieren, den Sie dann dem Versammlungsleiter zeigen, damit dieser in der Reihenfolge der Meldungen zu Stellungnahmen auffordern kann.

2)   Bei <u>Wahlen und Abstimmungen</u> zählen Sie (dabei aufstehen) die

- Ja-Stimmen

- Nein-Stimmen

- Enthaltungen

in der eben angegebenen Reihenfolge. Der Protokollführer hält das Ergebnis fest.

3)   Machen Sie den Versammlungsleiter aufmerksam, wenn etwas schief geht oder etwas übersehen wird. Im übrigen können Sie sich selbstverständlich auch an der Diskussion beteiligen.

<u>Arbeitsunterlage H:</u> Anweisungen an den Protokollführer

Sie sind zum Protokollführer gewählt worden. Gehen Sie wie folgt vor:

1)   Nehmen Sie zunächst die <u>Liste</u> der erschienenen <u>Interessenten</u> zu den Akten. Legen Sie die Liste mit den Tagesordnungspunkten (Einladung) neben sich.

2)   Sodann halten Sie fest, wer mit welcher Stimmenzahl (Ja/Nein/Enthaltungen) zum <u>Versammlungsleiter</u> gewählt worden ist. Das gleiche gilt für Ihre Wahl zum <u>Protokollführer</u>. Tragen Sie beide Ergebnisse in die umseitige Beschlußliste ein.

3)   Legen Sie dann nieder, ob und in welcher Weise die <u>Tagesordnung</u> verändert worden ist.

4)   Gehen Sie dann Punkt für Punkt vor und halten Sie in <u>Stichworten</u> leserlich fest, was geschieht und was gesprochen wird (nur das wesentliche). Wichtig sind der genaue Wortlaut bei Beschlüssen (insbesondere zur Änderung der Mustersatzung) - vom Versammlungsleiter diktieren lassen - sowie Abstimmungs- und Wahlergebnisse.

5)   Sobald abgestimmt oder gewählt wird, schlagen Sie die vorbereitete <u>Beschlußliste</u> und tragen den Wortlaut des Beschlusses bzw. die Namen der Gewählten ein und halten das Ergebnis fest. Auf den Tagesordnungspunkt ist Bezug zu nehmen.

B e s c h l u ß l i s t e

		Ergebnis		
Top.Nr.	Gegenstand/Wortlaut	Ja	Nein	Enthaltungen

Teilnehmerliste der Versammlung

zur Gründung eines Umweltschutzvereines

am ...

im "Gasthaus zum alternativen Trinker"

Name, Vorname	Beruf	Anschrift

<u>Arbeitsunterlage I:</u> Satzungsentwurf

Diese Arbeitsunterlage liegt allen Teilnehmern der Versammlung vor.

Der Satzungsentwurf muß Paragraph für Paragraph vorgelesen werden. Ergeben sich keine Einwände, wird sofort abgestimmt. Änderungswünsche werden zunächst gesammelt und dann nacheinander diskutiert; danach erfolgt die Abstimmung in folgender Reihenfolge:

- Erste Änderung
- Zweite Änderung usw.
- Zum Schluß: Musterentwurf

Während der Versammlungsleiter diskutieren und abstimmen läßt, zählt der Assistent die Stimmen aus, und der Protokollführer hält das Ergebnis fest. Änderungen gegenüber der Mustersatzung hält der Protokollführer in der Spalte rechts neben dem Musterentwurf fest (ungültiges Muster dann durchstreichen). Die Version des Protokollführers wird zum Schluß von den anwesenden Gründern unterschrieben.

Entwurf   Endgültige Fassung

___

§ 1   Name und Sitz

Der Verein führt den Namen "Verein zur Förderung von   Umweltschutz und Umweltbewußtsein".
Er soll in das Vereinsregister eingetragen und dann den Zusatz e. V. führen. Vereinssitz ist E-Stadt.

§ 2   Zwecke

(1) Ziel des Vereins ist die Förderung des Umweltschutzes und des Umweltbewußtseins. Die Verfolgung dieser Ziele ist bundesweit zulässig. Mit allen rechtlich zulässigen Mitteln sollen Vorhaben verhindert werden, die den Schutzzwecken entgegenstehen. Soweit Mitglieder Rechtsstreitigkeiten im eigenen Namen gegen umweltbeeinträchtigende Vorhaben führen, sollen sie ideell und materiell unterstützt werden.

(2) Die Verfolgung der Vereinsziele darf nur mit friedlichen Mitteln erfolgen.

(3) Der Verein soll Mitglied der Bundesvereinigung Bürgerinitiativen Umweltschutz (BBU) e. V. werden.

§ 3 Mitglieder

Über die Aufnahme neuer Mitglieder, die das achtzehnte Lebensjahr vollendet haben müssen, entscheidet der Vorstand.

§ 4 Beendigung der Mitgliedschaft

(1) Der Austritt ist nur zum Ende eines Kalenderjahres zulässig und muß durch einfachen Brief an ein Mitglied des Vorstandes vier Wochen vor Ablauf des Kalenderjahres erklärt werden.

(2) Ein Mitglied kann aus dem Verein ausgeschlossen werden, wenn sein Verhalten in grober Weise gegen die Interessen des Vereins verstößt. Über den Ausschluß beschließt die Mitgliederversammlung mit Dreiviertel-Mehrheit der abgegebenen Stimmen.

§ 5 Jahresbeitrag

Der Jahresbeitrag wird von der Mitgliederversammlung festgesetzt.

§ 6 Vorstand, Kassenwart, Protokollführer und Beauftragter

(1) Der Vorstand besteht aus dem Vorsitzenden und seinem Stellvertreter. Beide sind zur Geschäftsführung und zur Vertretung des Vereins nach außen allein

berechtigt. Bei ausgabewirksamen Maß-
nahmen, die den Betrag von DM 500,- im
Einzelfall überschreiten, muß das handelnde Vorstandsmitglied mit Zustimmung des Kassenwartes handeln.

(2) Die Mitglieder des Vorstandes müssen
Vereinsmitglieder sein. Der Vorstand wird
von der Mitgliederversammlung auf die
Dauer von zwei Jahren gewählt; er bleibt
jedoch auch nach Ablauf der Amtszeit für
die Dauer bis zur Neuwahl des Vorstands
im Amt.

(3) Nach den gleichen Grundsätzen wählt
die Mitgliederversammlung einen Kassen-
wart, einen Protokollführer sowie

einen Beauftragten für Umweltschutz.
Letzterer fungiert als Sachverständiger,
der den Vorstand berät und die Kontakte
zur BBU e. V. aufrechterhält.

§ 7   Einberufung der Mitgliederver-
sammlung

(1) Die ordentliche Mitgliederversammlung findet jährlich, möglichst im letzten
Quartal, statt. Außerdem muß die Mitgliederversammlung
einberufen werden, wenn das Interesse
des Vereins es erfordert oder wenn die
Einberufung von einem Fünftel der Mitglieder unter Angabe des Zwecks und der
Gründe vom Vorstand schriftlich verlangt
wird.

(2) Jede Mitgliederversammlung wird vom
Vorsitzenden des Vorstandes oder von

seinem Stellvertreter unter Einhaltung einer Einladungsfrist von zwei Wochen einberufen. Dabei ist die vom Vorstand festgesetzte Tagesordnung mitzuteilen.

§ 8 Ablauf der Mitgliederversammlung

(1) Die Mitgliederversammlung wird vom Vorsitzenden des Vorstandes, bei dessen Verhinderung vom Stellvertreter geleitet. Ist auch dieser verhindert, wählt die Mitgliederversammlung aus ihrer Mitte den Versammlungsleiter. Die Mitgliederversammlung kann eine Ergänzung der vom Vorstand festgesetzten Tagesordnung beschließen.

(2) Soweit die Satzung nichts anderes bestimmt, entscheidet die Mehrheit der abgegebenen gültigen Stimmen. Zur Änderung der Satzung ist eine Mehrheit von zwei Dritteln, zur Änderung des Vereinszwecks und

zur Auflösung des Vereins eine Mehrheit von neun Zehnteln der abgegebenen Stimmen erforderlich.

(3) Die Art der Abstimmung wird grundsätzlich vom Versammlungsleiter festgesetzt. Die Abstimmung muß jedoch schriftlich durchgeführt werden, wenn ein Drittel der erschienenen Mitglieder dies beantragt.

§ 9 Ordnungsvorschriften

Die Beschlüsse der Mitgliederversammlung sind zu Beweiszwecken in ein Be-
schlußbuch einzutragen und vom jeweiligen Versammlungsleiter zu unterschreiben. Dabei sollen Ort und Zeit der Versammlung sowie
das jeweilige Abstimmungsergebnis festgehalten werden.

Die vorstehende Satzung wurde errichtet
am   199 .
E-Stadt, den

ABSCHNITT I: EINFÜHRUNG IN DAS BÜRGERLICHE RECHT

(3) Lösungshinweise zu den Lernfragen

§ 1   Recht, Privatrecht und Bürgerliches Recht

1.   Recht kann verstanden werden als soziale Ordnung; Konfliktregelung für das Zu-
sammenleben von Menschen; in Regeln gefaßte Grundüberzeugungen der jeweiligen
Rechtsgemeinschaft; "Unterdrückungsinstrumentarium der herrschenden Klasse".

2.   Recht im objektiven Sinne ist die Summe der geltenden Rechtsnormen in der Bundes-
republik Deutschland. Recht im subjektiven Sinne ist das rechtliche Können und
Dürfen des einzelnen und umfaßt seine Möglichkeiten zur Gestaltung des Zusammen-
lebens (z. B. Vertragsschluß und Eigentumserwerb).

3.   Staatliches (zwingendes) Recht muß auf jeden Fall beachtet werden und unterliegt
nicht privatautonomer Gestaltung (Beispiel: § 211 StGB, Mord). Handelt es sich bei
einer Rechtsnorm lediglich um dispositives Recht (Beispiel: § 387 BGB, Aufrechnung),
so kann diese Norm durch Parteivereinbarung abbedungen werden (Vereinbarung eines
Aufrechnungsverbotes). Die guten Sitten sind gem. § 138 I BGB Rechtsbegriff (=
Anstandsgefühl aller billig und gerecht Denkenden) und damit verbindlich (zwingendes
Recht). Demgegenüber sind gesellschaftliche Normen (Beispiel: Tischsitten, Grußre-
geln) rechtlich unverbindlich.

4.   Recht entsteht durch staatliche Rechtssetzung (Parlament, Richter), privatautonome
menschliche Handlung (Willenserklärung, Vertrag) sowie durch Verfestigung von
wiederum aus Handlungen resultierenden Grundüberzeugungen (Gewohnheitsrecht).
Nach der Lehre vom Stufenbau der Rechtsordnung bildet das staatliche Recht eine
Pyramide, an deren Spitze das Verfassungsrecht (Grundgesetz) steht. Darunter folgen

einfaches Gesetzesrecht (Gesetze des Bundes und der Länder), Rechtsverordnungen und Gemeindesatzungen sowie einheitlich praktizierte Verwaltungsvorschriften. Kollidiert eine höherrangige Norm mit einer auf einer niedrigeren Stufe stehenden Norm, so geht die höherrangige Norm vor. Das Verfassungsrecht verdrängt daher in Kollisionsfällen einfaches Gesetzesrecht.

5. a) Arbeitskämpfe sind auf jeden Fall zulässig, wenn sie von Vereinigungen wie Gewerkschaften und Arbeitgeberverbänden zum Zwecke der Wahrung und Förderung der Arbeits- und Wirtschaftsbedingungen geführt werden und die Rechtsordnung im übrigen beachten.

   b) Die Grundsätze des Bundesarbeitsgerichts zur Rechtmäßigkeit von Streiks stellen <u>Richterrecht</u> dar. Im Stufenbau der Rechtsordnung sind sie auf der Ebene des einfachen Gesetzesrechts anzusiedeln.

   c) Allgemeine Bedenken gegen eine übermäßige Schaffung von Richterrecht können unter dem Gesichtspunkt des Gewaltenteilungsprinzips (nur die Legislative ist für die Gesetzgebung zuständig), sowie der Rechtssicherheit und der Gefahr der Rechtszersplitterung geltend gemacht werden.

6. Privatrechtliche Beziehungen beruhen auf dem Prinzip der <u>Gleichordnung</u>, während öffentlich-rechtliche Beziehungen auf dem Prinzip der <u>Über- und Unterordnung</u> fußen. Diese einfache Formel der Subordinationstheorie versagt bei (öffentlich-rechtlichen) Gebietsabgrenzungsverträgen, die auf gleicher Stufe stehende Gemeinden miteinander schließen. Auch wenn die fiskalische Tätigkeit des Staates (z. B. Beschaffung von Büroraum und Schreibtischen) dem Privatrecht zuzuordnen ist, so kann doch nicht übersehen werden, daß der Staat hier aus einer überlegenen Position heraus verhandelt.

7. Zum <u>Privatrecht</u> gehören beispielsweise das Familienrecht, Schuldrecht, Handelsrecht, Erbrecht, Wertpapierrecht sowie große Teile des Gesellschafts- und Arbeitsrechts. Demgegenüber sind dem <u>öffentlichen Recht</u> zuzurechnen: Staatsrecht, Verwaltungs-recht, Steuerrecht, Atomrecht, Gemeinderecht und Haushaltsrecht.

8. Den <u>für jedermann geltenden Teil des Privatrechts</u> bezeichnet man als Bürgerliches Recht.

9. Sonderrechtsgebiete des Privatrechts sind etwa das Handelsrecht, Wirtschaftsrecht, Arbeitsrecht und Immaterialgüterrecht. Die beiden letzteren Gebiete überschneiden sich teilweise mit dem öffentlichen Recht.

§ 2   Das Bürgerliche Gesetzbuch

10. Das Bürgerliche Gesetzbuch ist am 1.1.1900 in Kraft getreten (vgl. Art. 1 EGBGB). Es hat sowohl römisch-rechtliche als auch deutsch-rechtliche Grundlagen und ist insbesondere als Vereinheitlichung des zersplitterten deutschen Rechts zu würdigen.

11. Dem BGB liegt die Grundanschauung des <u>Liberalismus</u> zugrunde. Die Probleme des sozialen Ausgleichs sind demgemäß nur rudimentär angelegt (vgl. z. B. die Regelung des Wuchers in § 138 II BGB sowie die - heute allerdings strikteren - Vorschriften über den Kündigungsschutz der §§ 611 ff. BGB).

12. Die fünf Bücher des BGB sind: Allgemeiner Teil, Schuldrecht, Sachenrecht, Familienrecht und Erbrecht.

13. <u>Ausklammerungstechnik</u> und <u>Verweisungstechnik</u> kennzeichnen das BGB. So stellt der Allgemeine Teil des BGB eine "vor die Klammer gezogene" Regelung zu den übrigen vier Büchern des BGB dar. Ein Beispiel für die häufig vorkommende Verweisungstechnik beinhaltet § 618 III BGB (Verweisung auf die §§ 842 - 846 BGB).

§ 3   Rechtsanwendung

14. Subsumtion ist die Überlegung des Richters oder sonstigen Rechtsanwenders, ob ein konkreter Lebenssachverhalt einem allgemeinen Gesetz unterfällt (= Voraussetzungen) und deshalb bestimmte Konsequenzen nach sich zieht (= Rechtsfolgen). Schematisch lassen sich drei Schritte bei der Subsumtion unterscheiden:

<u>1. Schritt</u>:   Aufsuchen der gesetzlichen Vorschrift (Obersatz)

<u>2. Schritt</u>:   Feststellung des Lebenssachverhaltes (Untersatz)

<u>3. Schritt</u>:   Wertung, ob die gefundene Vorschrift den festgestellten Lebenssachverhalt betrifft und welches Ergebnis daraus folgt (Schlußsatz)

15. Obersatz ist § 518 I BGB, wonach ein Schenkungsversprechen nur wirksam ist, wenn es in notariell beurkundeter Form abgegeben worden ist. Der maßgebliche Lebenssachverhalt ist dadurch gekennzeichnet, daß A dem B die DM 1.000,- nur schriftlich versprochen hat (Untersatz). Daraus folgt als Schlußsatz die Bewertung, daß die Klage keine Erfolgsaussicht hat, weil dem Schenkungsversprechen des A die für die Gültigkeit dieses Versprechens notwendige Form der notariellen Beurkundung fehlt.

16. Gem. Art. 97, 98 GG sind alle Richter unabhängig. R muß seinen Prozeß selbst entscheiden; der Landgerichtspräsident darf keinerlei Weisungen geben.

17. Richtig und daher anzukreuzen sind b) und d). Die Variante a) ist falsch, weil sich eine Beweisaufnahme erübrigt, wenn über alle Tatsachen Einigkeit besteht. Falsch ist auch c), weil Beweis nur über solche streitigen Tatsachen zu erheben ist, die für die Entscheidung des Falles relevant sind (maßgeblicher Lebenssachverhalt, Untersatz). Schließlich ist auch e) nur im Grundsatz zutreffend, denn gem. § 293 ZPO ist beispielsweise eine Beweiserhebung über ausländisches, dem deutschen Richter unbekanntes Recht zulässig. Hierzu wird regelmäßig ein Sachverständigengutachten (Max-Planck-Institut) eingeholt.

18. Richtig und anzukreuzen sind die Vorschläge b) und c) (vgl. § 194 I BGB). Unzutreffend ist a), weil ein Anspruch ein Recht und nicht lediglich die faktische Möglichkeit zu seiner Durchsetzung (Faustrecht) gibt. Der Vorschlag d) beinhaltet lediglich eine politische Forderung und keinen Anspruch.

19. Jede Rechtsnorm enthält Voraussetzungen und Rechtsfolgen. Erstere müssen vorliegen, damit letztere eintreten können. In § 823 I BGB sind die Voraussetzungen im ersten Satzteil aufgeführt (von "wer" bis "verletzt"), während die Rechtsfolge (Verpflichtung zum Schadensersatz) im zweiten Satzteil steht.

20. Anspruchsgrundlagen sind alle diejenigen Normen, die einen Anspruch (vgl. § 194 I BGB) geben. An Gegennormen kann die Durchsetzung eines Anspruchs scheitern bzw. es kann die Erfüllung des Anspruchs verweigert werden. Hilfsnormen sind alle übrigen Normen (Definitionsnormen; Zurechnungsnormen wie §§ 31, 278 BGB usw.).
    Im Schrankfall ist Anspruchsgrundlage für den Verkäufer A § 433 II BGB (Kauf-

preiszahlung). Als Gegennorm kommt das Recht des Käufers B in Betracht, den Kaufvertrag wegen eines Fehlers (die Schrankteile passen nicht zusammen) zu wandeln, vgl. §§ 462, 459 BGB. Hilfsnorm ist § 278 BGB, weil sich der Verkäufer zur Erfüllung seiner Verpflichtungen aus § 433 I BGB des Spediteurs S bedient hat.

21. a) Anspruchsgrundlagen sind: §§ 433 I und II, 611, 631, 179 I, 630, 823 I und II, 985, 1004.

    b) Gegennormen sind: §§ 138, 134, 195 (i. V. m. § 194 I), 626.

    c) Hilfsnormen sind: §§ 278, 193, 164.

22. Bei Fall-Lösungen ist <u>immer mit der Anspruchsgrundlage</u> anzufangen.

23. Als Anspruchsgrundlage des Ladeninhabers kommt § 433 II BGB in Betracht. A möchte dem die Gegennorm des § 138 I BGB entgegensetzen. Im Ergebnis muß A zahlen oder die Einkaufstüte wieder auspacken.

24. Methoden der Gesetzesauslegung sind: Auslegung des Wortlauts (Wortbedeutung), systematische Auslegung (Gesamtzusammenhang mehrerer Normen), historische Auslegung (Berücksichtigung der Entstehungsgeschichte der Norm) sowie teleologische Auslegung (Berücksichtigung von Sinn und Zweck der Norm).

25. Bei der <u>Gesetzesanalogie</u> wird die Lücke durch Heranziehung <u>einer</u> Norm gefüllt, während bei der <u>Rechtsanalogie</u> mehreren Normen ein allgemeiner Rechtsgedanke entnommen wird.

(4) <u>Lösungshinweise zu den Kontrollfragen</u>

26. Der Verkauf des Feuerwehrautos wird durch die §§ 433 ff. BGB und damit durch das Privatrecht erfaßt. Beide Gemeinden handeln auf der Grundlage der Gleichordnung. Es ist ein privatrechtlicher Vertrag zu schließen. Praktische Relevanz hat die Frage für den zu beschreitenden Rechtsweg: Hier ist nicht der Verwaltungsrechtsweg (§ 40 VwGO), sondern der Rechtsweg zu den Zivilgerichten eröffnet (§ 13 GVG), weil es sich um eine bürgerlichrechtliche Streitigkeit handelt.

27. Aus den §§ 119 ff. BGB ergibt sich keine Anspruchsgrundlage; vielmehr handelt es sich um Gegennormen, die einen Anspruch zu Fall bringen (vgl. § 142 BGB). Der Fehler des Klausurbearbeiters liegt daher darin, daß er nicht mit der Anspruchsgrundlage (z. B. § 812 BGB) beginnt.

28.   a) Um Mißbräuche der Privatautonomie zu verhindern, ist eine strikte Verbindlichkeit des § 138 I BGB erforderlich; privatrechtliche Gestaltungsmöglichkeiten finden ihre Grenze bei Verstößen gegen die guten Sitten.

   b) Das Wandlungs- und Minderungsrecht bei Fehlern der Kaufsache (§§ 462, 459 BGB) gehört neben dem Schadensersatz in § 463 BGB zu den essentiellen Vorschriften des Gewährleistungsrechts; dies spricht für die strikte Verbindlichkeit. Andererseits ist jedoch auch die Einräumung eines Nachbesserungsrechts denkbar (vgl. § 633 BGB), wodurch dem Interesse des Käufers, eine mangelfreie Sache zu erhalten, ebenfalls Rechnung getragen wird. Demgemäß ist anerkannt, daß die kaufrechtlichen Gewährleistungsrechte durch Vertrag auf das Nachbesserungsrecht beschränkt werden dürfen, wenn beim Fehlschlagen der Nachbesserung das Wandlungsrecht wieder auflebt (vgl. § 11 Ziff. 10 b) AGBG).

   c) Die §§ 104 ff. BGB haben das Ziel, den Geschäftsunfähigen vor den Gefahren des Rechtsverkehrs zu schützen. Würde es den Parteien erlaubt werden, die Grenzen zur Geschäftsunfähigkeit privatautonom zu verschieben, wäre dieser Schutz nicht mehr gewährleistet. Damit spricht alles für die strikte Verbindlichkeit der beiden Normen.

   d) § 448 BGB greift nur ein, wenn die Parteien nichts anderes vereinbaren. Um den Parteien bei atypischer Interessenlage andere Lösungsmöglichkeiten zu eröffnen, spricht alles dafür, daß diese Norm dispositiv und damit privatautonom abänderbar ist.

29. Als Anspruchsgrundlagen kommen die §§ 985, 2028 und 2174 BGB in Betracht. Demgegenüber könnte A die Gegennorm des § 138 I BGB anführen (Problem des sog. Mätressen-Testamentes). Nach heutiger Auffassung (vgl. BGHZ 53, S. 375; 77, S. 59) dürften derartige Testamente nur in ganz seltenen Fällen gegen die guten Sitten verstoßen.

(5) Hinweise für den AG-Leiter

30. a) Stichworte für die pro-Gruppe: Im Tierreich gilt das Recht des Stärkeren ("Faust-
    recht"). Es gibt keinen umfassenden Plan zur Ordnung des Zusammenlebens. Tiere
    haben keinen Intellekt und können nicht bewußt gestalten. Insbesondere sind sie
    kultureller Leistungen nicht fähig. Die These stellt heraus, daß das Recht im
    modernen Sinne gerade die Abkehr vom Faustrecht bedeutet.

    b) Stichworte für die contra-Gruppe: Recht ist nicht bewußte Gestaltung, sondern
    historisch gewachsen. Die alten Ungleichgewichte und Besitzstände (Feudalstaat)
    werden nur langsam abgebaut. Noch bestehende Machtungleichgewichte (z. B.
    zwischen Unternehmen und Verbrauchern) werden vom Recht derzeit noch
    hingenommen. In den Vordergrund der Betrachtung muß daher das Werden des
    Rechts gestellt werden. Recht ist auch viel zu komplex, um - sozusagen "in einem
    großen Wurf" - geschaffen zu werden. Zudem liegen intellektuelle oder kulturelle
    Leistungen sicherlich dort nicht vor, wo bestimmte Interessengruppen (Lobby) es
    verstehen, ihre Wünsche in Recht umzusetzen.

31. Zur Verzahnung der verschiedenen Rechtsgebiete in einem derartigen Fall vgl.
    Juristische Arbeitsblätter 1972, S. 633.

(3) Lösungshinweise zu den Lernfragen

§ 1   Die Arten des Rechtsgeschäfts

1. Zu den beiden wichtigsten Gruppen rechtmäßiger Handlungen zählen einerseits die Rechtsgeschäfte (Kennzeichen: Die Rechtsfolge ist vom Willen des Handelnden abhängig) und die Realakte andererseits (Rechtsfolge tritt aufgrund tatsächlicher Handlung ein). Die Aufgabe des Eigentums gem. § 959 BGB durch A ist rechtsgeschäftliches Handeln, weil es dabei auf den Willen des A ankommt. Die Aneignung durch B (§ 958 I BGB) stellt nach h. M. einen Realakt dar, weil es dabei auf den Willen des B nicht ankommt. Der Verkauf an C (§ 433 BGB) ist wiederum Rechtsgeschäft, denn die Rechtsfolgen treten deshalb ein, weil B und C dies wollen.

2. Einzusetzen sind (Reihenfolge: Zeilenweise von oben nach unten, innerhalb jeder Zeile von links nach rechts): Rechtsgeschäft (Beispiel: Gesellschaftsvertrag); einseitige Rechtsgeschäfte (Beispiel: Kündigung); mehrseitige Rechtsgeschäfte; Vertrag (Beispiel: Kaufvertrag); Gesamtakt (Beispiel: Kündigung durch Mitmieter); Beschluß (Änderung des Gesellschaftsvertrages); schuldrechtlicher Vertrag (Beispiel: Darlehensvertrag); sonstige Verträge (Beispiele: dinglicher Vertrag, § 929 Satz 1 BGB; erbrechtlicher Vertrag, § 2274 BGB); gegenseitiger Vertrag (Beispiel: Mietvertrag); einseitig verpflichtender Vertrag (Beispiel: § 598 BGB).

3. Die Unterscheidung zwischen Rechtsgeschäft und Realakt ist für die Frage der Anwendung der Regeln über Rechtsgeschäfte von Bedeutung. Beispielsweise gelten für Realakte nicht die Vorschriften über die Geschäftsfähigkeit (§§ 104 ff. BGB).

4. Bestandteile der folgenden Rechtsgeschäfte sind:
    a) Eine Willenserklärung; b) zwei Willenserklärungen (Vertrag); c) zweimal § 929 Satz 1 BGB: Je zwei Willenserklärungen (dinglicher Vertrag) und je ein Realakt = vier Willenserklärungen und zwei Realakte; d) Realakt § 958 I BGB; e) keine rechtmäßige Handlung (weder Rechtsgeschäft noch Realakt), sondern unerlaubte Handlung (§

823 BGB); f) zwei übereinstimmende, gleichgerichtete Willenserklärungen (Gesamt-akt); g) drei Rechtsgeschäfte gem. § 959 BGB (Auto, Schlüssel, Wagenpapiere) = drei Willenserklärungen und drei Realakte (Besitzaufgabe); außerdem mehrere Ordnungs-widrigkeiten nach den Abfallbeseitigungsgesetzen (unerlaubte Handlungen); h) sechs-undzwanzig gleichgerichtete, parallel abgegebene Willenserklärungen (Beschluß).

§ 2   Verträge und Vertragsfreiheit

5.   §§ 145 ff. BGB: Angebot (= Antrag) + Annahme = Einigung (damit Vertrag).

6.   Kaufvertrag, Werkvertrag, Mietvertrag, Darlehensvertrag, Dienstvertrag.

7.   a) Kaufvertrag: Vertragsparteien, Kaufgegenstand, Kaufpreis; b) Mietvertrag: Parteien, Mietsache, Mietzins; c) Werkvertrag: Parteien, Werk, Werklohn; d) Dienstvertrag: Parteien, Dienst, Vergütung.

8.   Bestandteile der Vertragsfreiheit (§ 305 BGB) sind die Abschlußfreiheit sowie die Gestaltungsfreiheit. Da Abschlußfreiheit besteht, kann grundsätzlich niemand ge-zwungen werden, einen Vertrag überhaupt zu schließen ("ob" der Vertragsfreiheit). Demgegenüber beinhaltet die Gestaltungsfreiheit das Recht der Vertragsparteien, im Rahmen der zwingenden gesetzlichen Vorschriften den Inhalt des Vertrages privat-autonom festzulegen ("wie" der Vertragsfreiheit). Die Vertrags- und Gewerbefreiheit wurzelt im Liberalismus.

9.   Eine Ausnahme vom Grundsatz der Abschlußfreiheit stellt der Kontrahierungszwang dar (Verpflichtung zum Vertragsschluß; für die Stromlieferung vgl. etwa § 6 Energie-wirtschaftsgesetz). Gestaltungsfreiheit besteht aus tatsächlichen Gründen nicht mehr, wenn z. B. die Automobilverkäufer branchenumfassend gleichlautende allgemeine Ge-schäftsbedingungen verwenden (Neufahrzeug - Verkaufsbedingungen 1977). Zum Schutze der Käufer vor Mißbräuchen dient das Gesetz über die Allgemeinen Ge-schäftsbedingungen (AGBG).

§ 3 Willenserklärungen

10. Willenserklärung = private Willensäußerung, die auf die Erzielung einer Rechtsfolge gerichtet ist.

11. Hauptelemente sind: <u>Wille</u> (= innerer Tatbestand) und <u>Erklärung</u> (= äußerer Tatbestand).

12. a) Unerlaubte Handlung, keine Willenserklärung;

    b) Rechtsgeschäft, bestehend aus einer Willenserklärung;

    c) bloße Offerte (keine Rechtsfolge, insbesondere kein Angebot), also keine Willenserklärung;

    d) keine private Willensäußerung, daher keine Willenserklärung, sondern Verwaltungsakt;

    e) zwei Willenserklärungen (Gesamtakt);

    f) keine Willenserklärung, sondern Realakt, für den allerdings ein natürlicher (nicht rechtsgeschäftlicher) Handlungswille erforderlich ist.

13. Der innere Tatbestand der Willenserklärung besteht aus <u>Handlungswille</u>, <u>Erklärungsbewußtsein</u> und <u>Geschäftswille</u>. Damit eine Willenserklärung vorliegt, sind auf jeden Fall Handlungswille und Erklärungsbewußtsein, also willensgetragenes Verhalten sowie der Wille, überhaupt rechtsgeschäftlich tätig zu werden, erforderlich. Kommt der auf eine konkrete Rechtsgeschäftsart gerichtete Geschäftswille nicht korrekt zum Ausdruck, ist eine Anfechtung (§§ 119 ff. BGB) möglich.

14. a) Kein (aktuelles) Erklärungsbewußtsein, da A nicht die Vorstellung hat, rechtserheblich tätig zu werden (er will lediglich grüßen);

    b) kein Handlungswille;

    c) es fehlt schon am aktuellen bzw. potentiellen Erklärungsbewußtsein (S will nicht rechtsgeschäftlich tätig werden);

    d) da A zwar keinen Kauf, jedoch eine Schenkung will, liegen Handlungswille und Erklärungsbewußtsein vor (aber kein Geschäftswille in bezug auf das konkrete Rechtsgeschäft Kauf). Die damit vorliegende Willenserklärung, die nach dem hier maßgeblichen Empfängerhorizont des Weinhändlers auf die Annahme eines Kaufangebots gerichtet ist, kann jedoch von A angefochten werden.

15. Im BGB stellt das Schweigen keine Annahme dar. Für Kaufleute gilt jedoch § 362 HGB: Schweigen gilt hier als Annahme eines Angebots.

16. Beispiele für empfangsbedürftige Willenserklärungen sind Kündigung, Angebot und Annahme; Beispiele für nicht empfangsbedürftige Willenserklärungen sind die Auslobung (§ 657 BGB) sowie das Testament (§§ 2064 ff. BGB).

17. Geschäftsähnliche Handlungen sind Erklärungen, deren Rechtsfolgen unabhängig vom Willen des Erklärenden allein aufgrund einer gesetzlichen Regelung eintreten. Beispiele sind die Mahnung (§ 284 I BGB) sowie die Mängelrüge eines Kaufmanns (Anzeige gem. § 377 HGB). Bei geschäftsähnlichen Handlungen gelten die Regeln für Willenserklärungen analog, so daß beispielsweise Minderjährige vor nachteiligen Rechtsfolgen geschützt werden.

§ 4   Verpflichtungs- und Verfügungsgeschäft

18. Verpflichtungsgeschäfte sind Rechtsgeschäfte, durch die die Verpflichtung zu einer Leistung begründet wird, ohne daß das Geschäft die (dingliche) Rechtslage unmittelbar ändert (Beispiel: Schuldverträge). Rechtsgeschäfte, durch die ein Recht unmittelbar übertragen, belastet, geändert oder aufgehoben wird, nennt man Verfügungsgeschäfte (Beispiel: Eigentumsübertragung gem. § 929 Satz 1 BGB).
Das Verfügungsgeschäft unterliegt strengeren Regeln. So kann Eigentum grundsätzlich nur derjenige übertragen, der selbst Eigentümer ist (Berechtigung), während eine Verpflichtung auch durchaus darauf gerichtet sein kann, fremdes Eigentum zu übertragen. Nur beim Verfügungsgeschäft gilt der Prioritätsgrundsatz (Rechtsinhaber wird derjenige, dem der Berechtigte das Recht zuerst übertragen hat).

19. In den Fällen b), c), e), f) (§ 959 BGB) und h) (§ 1204 BGB) handelt es sich um Verfügungsgeschäfte, weil unmittelbar eine Rechtsänderung bewirkt wird. Demgegenüber liegen in den Fällen a) und g) (§§ 780, 781 BGB) bloße Verpflichtungsgeschäfte

vor. Im Falle d) (§§ 433, 313; 873, 925 BGB) sind Verpflichtungsgeschäft und Verfügungsgeschäft in derselben Urkunde vorgenommen worden.

20. Richtig sind b) und d). Die Aussage a) ist falsch, weil es im Rechtsleben grundsätzlich auf die Motive des Handelnden nicht ankommt (Ausnahme insbesondere: Anfechtung im Erbrecht). Die Aussage c) ist nur tendenziell richtig, weil es Verpflichtungsgeschäfte gibt, die den Rechtsgrund nicht in sich tragen und unabhängig von diesem Rechtsgrund bestehen können (Beispiele: §§ 780, 781, 793 BGB; Wechsel und Scheck). Schließlich ist auch die Aussage e) falsch: Auch abstrakten Rechtsgeschäften kann ein Rechtsgrund zugrunde liegen (dies wird auch häufig der Fall sein); der Rechtsgrund ist nur nicht Inhalt des Rechtsgeschäfts.

21. Drei Rechtsgeschäfte: Ein Verpflichtungsgeschäft (§ 433 BGB); zwei Verfügungsgeschäfte (je einmal § 929 Satz 1 BGB für die Übereignung der Zeitung und die Übereignung des Geldes).

22. Unter dem Begriff Abstraktionsprinzip faßt man das Ergebnis der rechtlichen Trennung von kausalen und abstrakten Geschäften zusammen. Insbesondere bedeutet dies, daß die Ungültigkeit des einen Geschäfts das andere Geschäft im Regelfall nicht berührt; beide bestehen unabhängig voneinander (Prinzip der Fehlerunabhängigkeit). Ist etwa ein Kaufvertrag nach Anfechtung gem. § 119 BGB von Anfang an unwirksam (§ 142 BGB), wird dadurch die schon erfolgte Übereignung nach § 929 Satz 1 BGB nicht berührt. Die Rückabwicklung der bereits ausgetauschten Leistungen erfolgt nach § 812 BGB. Zur Rechtfertigung des dem Laien umständlich erscheinenden Abstraktionsprinzips kann auf die größere Rechtssicherheit hinsichtlich der dinglichen Rechtslage verwiesen werden.

§ 5 Auslegung

23. Richtig und anzukreuzen war die Aussage c; a) ist falsch, weil die ergänzende Vertragsauslegung erst in zweiter Linie durchzuführen ist; b) widerspricht den §§ 133, 157 BGB.

24. Eine empfangsbedürftige Willenserklärung wird unter Anwesenden schon mit der Abgabe wirksam (vgl. §§ 145, 147 I BGB). Gegenüber Abwesenden wird die Willenserklärung gem. § 130 I BGB mit dem <u>Zugang</u> beim Erklärungsempfänger wirksam.

25. Nach h. M. ist eine Willenserklärung zugegangen, wenn die Willenserklärung derart in den Machtbereich des Erklärungsempfängers gelangt ist, daß er die <u>Möglichkeit der Kenntnisnahme</u> hat und unter normalen Umständen mit der Kenntnisnahme gerechnet werden kann. Da die bloße Kenntnismöglichkeit ausreicht, kann der Zugang der Willenserklärung durch Nichtlesen oder Annahmeverweigerung nicht verhindert werden; die Willenserklärung wird gleichwohl wirksam.

(4) <u>Lösungshinweise zu den Kontrollfragen</u>

26. A ist zur Klage auf Wiederbelieferung zu raten, wenn er einen Anspruch hat. Anspruchsgrundlage könnte § 433 I BGB sein. Ein Angebot des A zum Abschluß des Stromlieferungsvertrages liegt vor. Die Verweigerung der Annahmeerklärung durch das Elektrizitätsversorgungsunternehmen ist unbeachtlich, wenn das Unternehmen zur Annahme verpflichtet ist. Grundsätzlich besteht Vertragsfreiheit; jedoch ist diese gem. § 6 Energiewirtschaftsgesetz ausgeschlossen für die Versorgung von Tarifabnehmern zu den allgemeinen Versorgungsbedingungen (Kontrahierungszwang). Demgemäß ist das Versorgungsunternehmen zur Annahme des Vertragsangebotes des A verpflichtet. Im Falle der Weigerung wird die Annahme durch ein vor einem Gericht zu erstreitendes Urteil fingiert, so daß der Vertrag zu den allgemeinen Versorgungsbedingungen zustande kommt.

27. Der römisch-rechtliche Grundsatz "pacta sunt servanda" bedeutet, daß jeder Vertragsschließende an den Inhalt der vertraglichen Einigung gebunden ist (§ 433 BGB). Eine Rückabwicklung des Kaufvertrages kommt in Betracht, wenn die Voraussetzungen der Wandlung (§§ 462, 459 BGB) vorliegen. Dies setzt das Vorhandensein eines Fehlers voraus. Da jedoch das bloße Nichtgefallen des Mantels keinen Fehler (ungünstige Abweichung von der vertraglich vorausgesetzten Beschaffenheit) darstellt, scheidet die Wandlung aus. Ob eine Rückabwicklung des Kaufvertrages aufgrund des von manchen

Einzelhandelsgeschäften eingeräumten "Umtauschrechtes" möglich ist, erscheint als fraglich, da insofern keine einheitliche Übung besteht, die sich zu einem Gewohnheitsrecht verdichtet haben könnte. K muß deshalb den gekauften Mantel behalten.

28.   K kann Lieferung des Gemäldes gem. § 433 I BGB zum Preise von DM 9.000,- verlangen, wenn insofern ein Kaufvertrag im Wege der Einigung zustande gekommen ist. Die Einigung erfordert Angebot und Annahme. Das Angebot könnte hier darin bestehen, daß V das Gemälde im Schaufenster unter Auszeichnung des Preises (DM 9.000,-) feilgeboten hat. Der für eine Willenserklärung notwendige Rechtsbindungswille fehlt jedoch, wenn V nicht an jeden erstbesten Käufer veräußern will. Da dies nach der Verkehrssitte regelmäßig der Fall ist, handelt es sich beim Ausstellen einer Ware im Schaufenster des Verkäufers im Regelfall lediglich um eine bloße <u>Offerte</u>, der mangels Rechtsbindungswillens die Qualität einer Willenserklärung fehlt. Da es somit schon am Angebot des V fehlt, konnte auch durch die Annahme des K der Vertrag nicht zustande kommen. Die "Annahme" des K stellt vielmehr ein Angebot zum Abschluß eines Kaufvertrages dar, welches V nicht angenommen hat.

29.   S könnte gegen N einen Anspruch auf Herausgabe des alten Stichs gem. § 985 BGB haben. N ist Besitzer; S kann das Eigentum im Wege der Erbfolge (§ 1922 BGB) von E nur erworben haben, wenn E nicht in der Zwischenzeit sein Eigentum nach § 929 Satz 1 BGB an N verloren hat. Dies erfordert eine durch Angebot und Annahme zustande gekommene dingliche Einigung. Das in der Übersendung des alten Stichs liegende Angebot des E auf Eigentumsverschaffung ist trotz des Todes des E nach § 130 II BGB wirksam geblieben. Durch Aufhängen des alten Stichs hat N das Angebot des E auch angenommen (vgl. § 151 BGB); Bedenken unter dem Gesichtspunkt des Minderjährigenschutzes bestehen nicht, weil der Erhalt des Eigentums am alten Stich lediglich rechtlich vorteilhaft i. S. d. § 107 BGB ist. Mit erfolgter Übergabe liegen die Voraussetzungen des § 929 Satz 1 BGB insgesamt vor, so daß N wirksam Eigentum von E erworben hat. Ein Herausgabeanspruch des S besteht mangels Eigentums des S daher nicht.

(5) Hinweise für den AG-Leiter

30. Hinweise für die Diskussion:

    a) Für die These spricht: Die Schaffung eines größtmöglichen Freiheitsraumes für alle Bürger ist ein überragendes Verfassungsprinzip; die Privatautonomie ist ein mögliches Mittel zur Erreichung des Freiheitszieles. Dessen Verwirklichung sichert den größtmöglichen Wohlstand (Vorteilhaftigkeit des dezentralen Wirtschaftsprinzips), woraus wiederum ein Mehr an Freiheit im Sinne von sinnvollen Betätigungsmöglichkeiten folgt.

    b) Gegen die These spricht: Der Altliberalismus hatte im Anschluß an die Feudalherrschaften das Ziel, zunächst die formale Gleichheit aller Bürger sicherzustellen (Abbau der Adelsprivilegien). Die Sicherung der formalen Gleichheit aller Bürger reicht jedoch nicht aus, deren Freiheit zu sichern. Vielmehr bilden sich durch Bildungs- und Einkommensunterschiede (im)materielle Ungleichheiten heraus, die sich bei Anwendung des Prinzips formaler Gleichheit im Sinne der Privatautonomie des bürgerlichen Rechts sogar noch verschärfen können.

31. Hinweise für den AG-Leiter zum Rollenspiel: Bei der Fall-Lösung sind die Vorschriften der §§ 147 II, 462, 459 (Farbe, Funktionsfähigkeit, altes Modell) BGB zu beachten. Im Ergebnis muß K das Radio nicht behalten.

32. Zum ersten Problemkreis: Der Vertrag ist nach h. M. mit dem Zugang der Annahmeerklärung des K zustande gekommen, da es nicht auf die tatsächliche Kenntnisnahme durch A, sondern auf die Kenntnismöglichkeit ankommt (Zugangsdefinition). Der telegrafische Widerruf ist später als die Annahmeerklärung zugegangen und deswegen nicht wirksam geworden (§ 130 I Satz 2 BGB).

    Zum zweiten Problemkreis: Eine Anfechtung könnte gem. § 119 I oder § 119 II BGB in Betracht kommen. A hat sich jedoch im Zeitpunkt der Abgabe seiner Annahmeerklärung nicht geirrt (Wille und Erklärung fallen nicht unbewußt auseinander). Ein eventueller "Irrtum" über den Wert der Sache ist nicht gem. § 119 II BGB beachtlich (der Wert ist keine verkehrswesentliche Eigenschaft, sondern gerade das Resultat aller wertbildenden Merkmale dieser Sache).

(3) Lösungshinweise zu den Lernfragen

§ 1   Unerlaubte Handlungen

1.1. Handlungsbegriff

1.   Handlung ist ein menschliches Verhalten, das der Bewußtseinskontrolle und Willenslenkung unterliegt und somit beherrschbar ist.

2.   a) Drei Handlungen, davon einmal Unterlassen und zweimal positives Tun (Gießen, Schlagen, Nichthindern). b) Eine Handlung des Arztes (im übrigen Reflexhandlung, nicht willensgetragen). c) Eine Handlung (Unterlassen).

3.   Das positive Tun ist als solches Anknüpfungspunkt für die rechtliche Bewertung. Beim Unterlassen ist noch zusätzlich die Rechtspflicht zum Tätigwerden erforderlich. Diese Rechtspflicht (sogenannte Garantenstellung) kann sich aus Vertrag, Gesetz, vorangegangenem gefährdendem Tun sowie enger familienrechtlicher Beziehung ergeben.

1.2. Tatbestand des § 823 I BGB

4.   Zuordnung in der Reihenfolge der aufgeführten Voraussetzungen: wer ... verletzt; Freiheit, Gesundheit, Körper, Leben, Eigentum, sonstiges Recht; daraus; widerrechtlich; vorsätzlich oder fahrlässig; Schaden.

5.   a) Eigentum sowie Gesundheit/Körper verletzt; b) allgemeines Persönlichkeitsrecht (sonstiges Recht) verletzt (vgl. BGHZ 3, S. 372); c) Recht am eingerichteten und ausgeübten Gewerbebetrieb (sonstiges Recht) beeinträchtigt, die von der Rechtsprechung geforderte Unmittelbarkeit der Schädigung ist jedoch fraglich; d) kein absolutes Recht verletzt, sondern bloßer Vermögensschaden (A war noch nicht Eigentümer des Teppichs); in Betracht kommt jedoch § 826 BGB.

1.3. Kausalität

6. Außer c) sind alle Aussagen richtig.

7. a) Äquivalenztheorie: Strafrecht; b) Adäquanztheorie: Zivilrecht.

8. a) Sowohl nach Adäquanz- als auch nach Äquivalenztheorie kausal; b) Äquivalenztheorie (+), jedoch Adäquanztheorie (-), da eine derart heftige Beeinträchtigung einer relativ fernstehenden Person wohl außerhalb der Lebenswahrscheinlichkeit.

9. a) Strafrechtlich äquivalent-kausal, da alle Bedingungen gleichwertig zu berücksichtigen sind; b) zivilrechtlich nicht adäquat-kausal, da ein Zusammentreffen beider (für sich genommen nicht ausreichender) Ursachen völlig unwahrscheinlich war.

1.4. Verletzung von Schutzgesetzen

10. Schutzgesetz ist jede Rechtsnorm, die nach dem Willen des Normgebers dazu bestimmt ist, nicht nur die Allgemeinheit, sondern konkret bestimmte Personen bzw. Personengruppen zu schützen. Der Begriff der Rechtsnorm ist dabei weit auszulegen; darunter fallen u. U. die Gebote einer Verwaltungsbehörde. Beispiele sind § 211 StGB (Mord), § 858 BGB (verbotene Eigenmacht) sowie § 1 Arzneimittelgesetz 1976 (Sicherheit im Verkehr mit Arzneimitteln).

11. Fall nach OLG Hamm, JZ 1981, S. 277: Anspruch aus § 823 II BGB in Verbindung mit einer Schutzverfügung?
    Die behördliche Verfügung in Verbindung mit den zu ihr ermächtigenden baurechtlichen Vorschriften (vgl. § 69 Bauordnung NRW) ist als Schutzgesetz anzusehen. Die Verfügung diente nicht dem Schutz der Allgemeinheit, sondern gerade dem Schutz des B vor Lärmbeeinträchtigungen durch die Kegelbahn. A hat gegen diese Verfügung verstoßen, die Kausalität ist zu bejahen. Rechtswidrigkeit und Verschulden (Vorsatz) liegen ebenfalls vor. B kann daher im Wege der Naturalrestitution (§ 249 S. 1 BGB) Herstellung des gesetzgemäßen Zustandes verlangen; wenn A die Schalldämmung unterläßt, kann B Geld für eigene Dämmungsmaßnahmen beanspruchen. Der Schmerzensgeldanspruch folgt aus § 847 BGB.

1.5. Rechtswidrigkeit

12. Ausnahmen sind insbesondere beim <u>Vorliegen von Rechtfertigungsgründen</u> sowie bei <u>Rahmenrechten</u> anzunehmen. Bei letzteren (allgemeines Persönlichkeitsrecht sowie Recht am Gewerbebetrieb) muß die Rechtswidrigkeit positiv festgestellt werden.

13. Notwehr (§ 227 BGB); Besitzkehr gegenüber verbotener Eigenmacht (§ 859 II BGB); Wahrnehmung berechtigter Interessen (§ 193 StGB).

14. Durch eine Handlung des A ist der PKW des B beschädigt worden (Eigentumsverletzung). Die Rechtsverletzung ist rechtswidrig, wenn kein Rechtfertigungsgrund eingreift. In Betracht kommt hier der Rechtfertigungsgrund des <u>verkehrsrichtigen Verhaltens</u>: Das Vertrauensschutzprinzip erfordert es, daß sich jeder Verkehrsteilnehmer grundsätzlich auf die Einhaltung der Verkehrsregeln durch andere Verkehrsteilnehmer verlassen darf. A befuhr eine vorfahrtsberechtigte Straße und konnte daher davon ausgehen, daß B seine Vorfahrt beachten würde. Da sein Verhalten gerechtfertigt ist, kommt ein Anspruch des B unter dem Gesichtspunkt des § 823 I BGB nicht in Betracht. (Zur Lehre vom verkehrsrichtigen Verhalten vgl. BGHZ 24, S. 21; Z 36, S. 242, 244).

1.6. Verschulden

15. Schuldformen sind <u>Vorsatz</u> (Wissen und Wollen der gesetzlichen Tatbestandsmerkmale) sowie <u>Fahrlässigkeit</u> (§ 276 I S. 2 BGB).

16. Zusätzlich sind die §§ 828, 829 BGB zu untersuchen (Deliktsfähigkeit). Trotz fehlender Einsichtsfähigkeit (§ 828 II BGB) kommt eine Haftung aus Billigkeitsgründen (§ 829 BGB) in Betracht.

17. Ansprüche des B gegen Fritz und Peter können aus § 985 BGB sowie aus § 823 I BGB bestehen. Ersterer Anspruch geht auf Rückgabe des Geldes und der Zigaretten; die Voraussetzungen liegen vor. Geldersatz wegen der Beschädigung des Automaten schuldet nur Peter gem. §§ 823, 828 II BGB, sofern ihm die notwendige Einsichtsfähigkeit nicht fehlte (vgl. aber § 829 BGB). Wegen § 828 I BGB kann ein Anspruch

gegen den sechsjährigen Fritz allenfalls nach § 829 BGB zu bejahen sein.

18. Bei Unfällen unter Beteiligung von Kraftfahrzeugen gelten die Sondervorschriften der §§ 7 ff. Straßenverkehrsgesetz. Die Haftung gründet sich allein auf die vom Fahrzeug ausgehende Betriebsgefahr (sogenannte Gefährdungshaftung), so daß es auf ein Verschulden des Fahrers grundsätzlich nicht ankommt (vgl. aber § 18 Straßenverkehrsgesetz).

1.7. Schaden

19. Vgl. die Regelung der §§ 249 ff. BGB sowie der §§ 847, 842 ff. BGB.

20. Nach der Differenzhypothese wird der Schaden durch Vergleich zweier Vermögenslagen ermittelt; dabei wird die reale Vermögenslage nach dem schädigenden Verhalten mit derjenigen Vermögenslage verglichen, die ohne den Eintritt des Schadens bestanden hätte. Die Differenz stellt den Schaden dar.

21. Weil nur diejenigen Schäden ersetzt werden sollen, die durch die Rechtsverletzung verursacht worden sind, ist beim Schaden zusätzlich die sogenannte haftungsausfüllende Kausalität zu prüfen (Verknüpfung zwischen Rechtsgutverletzung und Schaden). Die Lehre vom Schutzzweck der Norm besagt lediglich, daß nur solche Schäden ersetzt werden sollen, die nach Sinn und Zweck der Schadensersatznorm ersatzfähig erscheinen (Bewertungsproblem). Zu fragen ist: Wird von der verletzten Norm wenigstens auch der Zweck verfolgt, einen Schaden der eingetretenen Art zu verhindern? (Vgl. BGHZ 37, S. 311.)

22. Ein Mitverschulden des Geschädigten ist nach § 254 BGB zu berücksichtigen. Ein solches Mitverschulden kann sowohl bei der Schadensentstehung als auch bei den Schadensfolgen auftreten; der Geschädigte ist verpflichtet, seinen Schaden möglichst klein zu halten (Schadensminderungspflicht). Kriterium des Richters ist das Maß (prozentualer Anteil) der Mitverursachung bzw. des Mitverschuldens; ein weiteres Kriterium kann in der Verletzung von Hinweispflichten (Gefahr des Eintretens eines besonders großen Schadens) liegen.

§ 2   Leistungsstörungen

2.1. Allgemeines

23. Grundsätzlich ist bei der Verletzung von Vertragspflichten im Vergleich zum Recht der unerlaubten Handlung schärfer zu haften, weil auch für bloße Vermögensschäden Ersatz geleistet werden muß. Anders als im Recht der unerlaubten Handlung (vgl. § 847 BGB) wird jedoch bei Vertragspflichtverletzungen grundsätzlich nicht für immaterielle Schäden gehaftet (§ 253 BGB).

24. Das Recht der <u>Unmöglichkeit</u> erfaßt die Fälle, in denen die Leistung überhaupt nicht erfolgen kann (Beispiel: die zu liefernde Kaufsache ist verbrannt). Verspätete Leistungen werden durch die <u>Regeln des Verzugs</u> erfaßt (Beispiel: der Verkaufer läßt sich Zeit mit der Lieferung und muß gemahnt werden; möglicherweise entsteht dem Käufer durch die verspätete Lieferung ein Schaden). Das gesetzlich nicht geregelte Rechtsinstitut der <u>positiven Vertragsverletzung</u> greift hingegen nur bei der Verletzung von vertraglichen <u>Nebenpflichten</u> ein (Beispiel: beim Aufhängen der neuen Gardinen zerstört der Dekorateur die Fensterscheibe, als er mit dem Schraubenzieher abrutscht; Nebenpflicht ist hier die selbstverständliche Vertragspflicht des Handwerkers, Gegenstände des Auftraggebers nicht zu beschädigen). <u>Schlechtleistungen</u> werden durch die allgemeinen Regeln des Rechts der Leistungsstörungen nicht erfaßt; vielmehr gelten jeweils spezielle Gewährleistungsvorschriften in bezug auf die einzelnen Vertragstypen des besonderen Schuldrechts (vgl. z. B. §§ 459 ff. BGB im Kaufrecht). Unmöglichkeit und Verzug sind als Spezialregelungen primär und vor dem Rechtsinstitut der positiven Vertragsverletzung zu prüfen.

25. Maßgebliche Differenzierungskriterien aller genannten Vorschriften sind
    a) <u>Vertragspflichtverletzung</u>: anfängliche/nachträgliche, subjektive/objektive Unmöglichkeit bzw. Verzug
    b) dadurch Rechtswidrigkeit indiziert
    c) <u>Verschulden</u>: einseitig (§§ 279, 280, 324, 325, 326 BGB) erforderlich; teilweise kommt es auf Verschulden nicht an (§§ 275, 279, 306, 323 BGB).

26. Anzukreuzen waren: a) §§ 275 I u. II, 306 BGB; c) §§ 275, 280, 323 ff. BGB; d) §§ 275, 297 BGB; e) §§ 323 ff.; 275, 280 BGB; f) §§ 323 ff., 275, 280 BGB. Nicht anzukreuzen war b), weil die Rechtswidrigkeit grundsätzlich indiziert ist und daher vom Gesetzgeber nicht ausdrücklich als Differenzierungsmerkmal aufgeführt wird.

27. Anzukreuzen und zu nennen waren: a) §§ 280, 325, 326, 307 BGB; b) § 325 BGB; c) § 324 I u. II. BGB; d) § 323 BGB; e) § 323 III BGB; f) § 306 BGB; h) und i) §§ 281, 323 II BGB. Verwendungsersatz (k) sowie Aufwendungsersatz (g) sind keine Rechtsfolgen des Rechts der Leistungsstörungen, jedoch sieht § 304 BGB im Falle des Gläubigerverzuges den Ersatz von Mehraufwendungen des Schuldners vor.

2.2. Unmöglichkeit

28. Eintragungen in der Reihenfolge von links nach rechts sowie von oben nach unten: § 275; § 306; nicht geregelt, aber §§ 275, 280 analog; §§ 275, 323; §§ 280, 325; § 324 BGB.

29. Bei Gattungsschulden gilt § 279 BGB. Geld ist eine Gattungssache oder wird entsprechend dieser Vorschrift behandelt ("Geld hat man zu haben").

30. a) Anfängliche objektive Unmöglichkeit: § 306 BGB; b) anfängliche objektive Unmöglichkeit: § 306 BGB (Verschulden liegt zwar vor, spielt bei § 306 BGB jedoch keine Rolle; c) anfängliche objektive Unmöglichkeit: § 306 BGB; wegen seiner Kenntnis haftet V jedoch auf das negative Interesse (§ 307 BGB); d) anfängliche subjektive Unmöglichkeit: Fortbestehen des Erfüllungsanspruchs (hM) oder § 275 BGB analog (Gegenmeinung); nach herrschender Meinung besteht in diesem gesetzlich nicht geregelten Fall eine Garantiehaftung ohne Verschulden, während nach der Gegenmeinung für die Haftung ein Verschulden (vgl. §§ 440 I, 325, 280 BGB) erforderlich ist. Da es hier am Verschulden fehlt, muß man sich für die eine oder andere Meinung entscheiden; e) mit Variante a): nachträgliche objektive Unmöglichkeit (§ 275 BGB); K ist nach §§ 440 I, 323 BGB hinsichtlich der Gegenleistung (Kaufpreiszahlung) frei geworden; e) mit Variante b): nachträgliche objektive Unmöglichkeit, jedoch Verschulden; nach herrschender Meinung erlischt der Erfüllungsanspruch, und V schuldet Schadensersatz nach §§ 440 I, 325 BGB; f) mit der Variante e/a: nachträgliche

objektive Unmöglichkeit, so daß V die Leistung nicht mehr schuldet (§ 275 BGB) und K die Gegenleistung nach §§ 440 I, 323 III, 812 ff. BGB zurückverlangen kann; f) mit der Variante e/b: nachträgliche objektive Unmöglichkeit und gleichzeitig Verschulden, so daß nach herrschender Meinung der Erfüllungsanspruch erlischt. K kann die Gegenleistung nach §§ 440 I, 325 I S. 3 i. V. m. §§ 323 III, 812 BGB herausverlangen. Wahlweise besteht gemäß §§ 440 I, 325 BGB ein Anspruch auf Schadensersatz; g) nachträgliche objektive oder (nicht näher feststellbar) subjektive Unmöglichkeit mit Gläubigerverschulden: für die Leistung gilt § 275 I oder II, für die Gegenleistung §§ 440 I, 324 I BGB (Behaltendürfen); h) nachträgliche Unmöglichkeit bei einer Gattungsschuld: Nachlieferungsanspruch gemäß § 279 BGB.

31. a) Die §§ 275 ff. BGB gelten für alle Fälle nachträglicher Unmöglichkeit sowie (anfänglichen und nachträglichen) Unvermögens, soweit es um die (unmöglich gewordene) <u>Leistung</u> geht. Die Vorschriften greifen grundsätzlich sowohl bei gegenseitigen als auch bei einseitig verpflichtenden Verträgen ein. b) Die §§ 323 ff. BGB sind anwendbar bei gegenseitigen Verträgen (insbesondere bei nachträglicher objektiver oder subjektiver Unmöglichkeit), soweit es um die <u>Gegenleistung</u> der unmöglich gewordenen Leistungen geht.

Grob vereinfachend kann man sagen: Für den häufigen Fall gegenseitiger Verträge regeln die §§ 275 ff. BGB die Rechtsfolgen hinsichtlich der (Sach-)Leistung, während die §§ 323 ff. BGB die Rechtsfolgen für die Gegenleistung (= Geldleistung) festlegen.

2.3. Verzug

32. a) Der Normalfall des Verzuges ist in den §§ 284, 285, 286 BGB geregelt. Voraussetzungen sind: Fällige Leistung, Mahnung, Verschulden; die Rechtsfolgen ergeben sich aus § 286 I oder II BGB. b) Bei gegenseitigen Verträgen findet § 326 BGB Anwendung. Voraussetzungen: fällige (Haupt-)leistung (nicht ausreichend: Abnahmeverpflichtung beim Kaufvertrag), Verzug, Fristsetzung mit Ablehnungsandrohung, Fristablauf. Rechtsfolge: insbesondere Schadensersatz oder Rücktritt.

33. Der Käufer nimmt die gekaufte Sache nicht ab (vgl. §§ 293 ff. BGB).

2.4. Sonstige Ansprüche bei Leistungsstörungen

34. Voraussetzungen sind: Anwendbarkeit (Subsidiarität gegenüber den gesetzlich geregelten Fällen der Leistungsstörung), Verletzung einer vertraglichen Nebenpflicht, Rechtswidrigkeit, Verschulden. Das Rechtsinstitut ist nicht positivrechtlich geregelt, sondern durch Richterrecht geschaffen und inzwischen gewohnheitsrechtlich anerkannt. Als Anspruchsgrundlage werden herkömmlich die §§ 280, 286, 325, 326 BGB analog genannt.

35. Wegfall der Geschäftsgrundlage. Das Rechtsinstitut fußt letztlich auf § 242 BGB (Richterrecht). Voraussetzungen: Anwendbarkeit (Subsidiarität gegenüber den gesetzlich geregelten Fällen der Leistungsstörung), Vorhandensein einer Geschäftsgrundlage (grundlegende Umstände, von denen beide Parteien beim Vertragsschluß als wesentlich ausgegangen sind und die nicht lediglich in den Risikobereich nur einer Partei fallen), späterer Wegfall oder ursprüngliches Fehlen dieser Geschäftsgrundlage, Unzumutbarkeit des unveränderten Festhaltens am Vertrag. Rechtsfolgen: primär Anpassung an die veränderten Umstände, wenn nicht möglich: Kündigungsrecht (insbesondere bei Dauerschuldverhältnissen).

36. Die allgemeinen Normen des Rechts der Leistungsstörungen gehen vor. Die nicht positivrechtlich geregelten Rechtsinstitute sind subsidiär.

(4) Lösungshinweise zu den Kontrollfragen

37. Eine vertragliche Anspruchsgrundlage folgt aus dem (gesetzlich nicht geregelten) Rechtsinstitut der culpa in contrahendo. In seinen Voraussetzungen entspricht dieses Rechtsinstitut der positiven Vertragsverletzung mit der Ausnahme, daß die Schädigung schon bei der vertraglichen Kontaktaufnahme (bzw. bei vorvertraglichen Verhandlungen) eingetreten ist; zum Vertragsschluß darf es noch nicht gekommen sein (dann positive Vertragsverletzung). Für Frau M liegen diese Voraussetzungen vor (sie wollte einkaufen, also Kaufverträge schließen); für ihren Sohn A ist zusätzlich § 328 BGB analog heranzuziehen, weil der geplante Kaufvertrag mit Schutzwirkungen zugunsten

Dritter (A) ausgestattet sein sollte. Wegen § 253 BGB kann Schmerzensgeld nicht beansprucht werden. Ein Anspruch aus <u>unerlaubter Handlung</u> besteht gemäß § 823 I BGB sowie § 823 II BGB i. V. m. § 230 StGB (fahrlässige Körperverletzung). Nach § 847 BGB kann zusätzlich Schmerzensgeld verlangt werden.

Im Ergebnis ist somit für M und A der Anspruch aus unerlaubter Handlung günstiger.

38. Durch die Beschädigung des Schrankes durch B sind zwei absolute Rechtsgüter i. S. d. § 823 I BGB verletzt worden: Eigentum des E und Besitz (sonstiges Recht) des M. Zusätzlich liegen § 823 II BGB i. V. m. § 303 StGB (Sachbeschädigung) vor. Gemäß § 428 BGB sind E und M Gesamtgläubiger, so daß B wahlweise an E oder M mit befreiender Wirkung leisten kann.

39. Zunächst kommt A - sozusagen mit jeder versäumten Minute - in <u>Verzug</u>; eine Mahnung ist nicht erforderlich, da die Bürozeiten genau festliegen. Ist die Minute verstrichen, so liegt <u>Unmöglichkeit</u> vor, da eine Nacharbeit grundsätzlich nicht zuläs-sig ist. Am Ende eines Arbeitstages ist die Arbeitspflicht des A in bezug auf diese 8 Stunden unmöglich geworden.

Die Lösung des Falles hängt davon ab, wer die Leistungsstörung (Nichtarbeit des A) zu vertreten hat. Nach herrschender Meinung greift <u>§ 324 BGB i. V. m. der Lehre vom Betriebsrisiko</u> jetzt weiter ein: Der Arbeitgeber hat zu vertreten, daß nicht gearbeitet werden kann; A muß seine Arbeitsleistung lediglich bereithalten.

40. Lösungshinweise zur **Originalklausur:**

I. Anspruch des K gegen V auf Lieferung eines neuen Radios

Ein solcher Anspruch besteht nach § 433 I BGB, sofern nicht V gemäß § 275 BGB von seiner Leistungspflicht frei geworden ist. Durch die Zerstörung des Radios ist dem V die Lieferung aber nur unmöglich geworden, wenn es sich bei dem Radio nicht um eine Gattungssache (vgl. § 279 BGB) handelte. Zum Zeitpunkt der Zerstörung des Radios war jedoch die Schuld des V bereits gemäß § 243 II BGB konkretisiert, insbesondere hatte er durch Aussonderung und Transport zur Wohnung des K durch den A bereits alles Erforderliche getan, um den Leistungs-erfolg eintreten zu lassen. Ob V die Unmöglichkeit zu vertreten hat, richtet sich nach den §§ 276 I, 278 BGB (A als Erfüllungsgehilfe). Der Haftungsmaßstab ist in diesem Falle dem § 300 I BGB (Einstehen für Vorsatz und grobe Fahrlässigkeit) zu entnehmen: K ist durch seine Abwesenheit in Annahmeverzug geraten (§§ 293, 294 BGB). Weil V wegen § 300 I BGB daher für die leichte Fahrlässigkeit des A nicht einstehen muß, hat er die Zerstörung des Radios nicht zu vertreten. Er ist gemäß § 275 I BGB von der Verpflichtung zur Leistung frei geworden.

II.   Anspruch des V gegen K auf Zahlung des Kaufpreises

Ein solcher Anspruch besteht gemäß § 433 II BGB, wenn K nicht nach § 323 I BGB von der Zahlungsverpflichtung frei geworden ist. Der Kaufvertrag ist ein gegenseitiger Vertrag; die Leistung (Lieferung des Radios) ist unmöglich geworden. Weder V noch K haben die Unmöglichkeit zu vertreten, so daß V keinen Anspruch auf die Gegenleistung (Kaufpreis) zu haben scheint.

Eine Ausnahme von § 323 I BGB wegen Übergangs der Preisgefahr auf den K liegt ebenfalls nicht vor: weder sind die Voraussetzungen des § 446 noch die des § 447 BGB gegeben.

V hat den Kaufpreisanspruch jedoch gemäß § 324 II BGB behalten, wenn K sich zum Zeitpunkt der Zerstörung des Radios im Annahmeverzug befand. Dies ist oben bereits festgestellt worden. Im Ergebnis hat somit V gegen K einen Anspruch auf Kaufpreiszahlung aus §§ 433 II, 324 II BGB.

(5) Hinweise für den AG-Leiter

41.   Besprechungsfall: Als Vorfrage ist zu klären, ob eine OHG überhaupt klagen kann (vgl. §§ 105, 106, 124 I HGB). Anspruchsgrundlage ist § 823 I BGB (Eigentumsverletzung). Problematisch ist, welcher Verschuldensmaßstab gilt (§ 105 II HGB i. V. m. § 708 BGB), vgl. dazu: BGHZ 46, S. 313 (anders aber: BGH MDR 1971, S. 918).

42.   a) Argumente der pro-Gruppe: Recht am Gewerbebetrieb schützt auch gegen bloße Vermögensschäden, die nicht auf Verletzung eines (sonstigen) absoluten Rechts zurückführbar sind; Arbeitnehmer insofern nicht geschützt; daraus willkürliche Ungleichbehandlung.

b) Argumente der contra-Gruppe: § 823 BGB wird vielfach als zu eng empfunden, so daß Weiterentwicklung und Auffüllung mit sonstigen Rechten (Gewerbebetrieb) dringend erforderlich; keine materielle Ungleichbehandlung der Arbeitnehmer, da deren Arbeitskraft (parallel zum Gewerbebetrieb) anders als das bloße "Kapital" durch absolute Rechte (Körper, Gesundheit) ausreichend geschützt ist.

43. **Lösungshinweise zum Test:**

I.   1.   a) Gesetz; b) Vertrag.

      2.   a) § 823 (812, 985) BGB, b) § 433 BGB und alle schuldrechtlichen Verträge

      3.   Beim Vertrag ist eine Einigung erforderlich, während bei gesetzlichen Ansprüchen ein rein tatsächliches Verhalten als Anknüpfungspunkt dient.

II.   1.   Mit vertraglichen Ansprüchen beginnen, weil dies häufig weitergehendere Rechtsfolgen eröffnet als bei der unerlaubten Handlung (Ausnahme: § 847 BGB).

      2.   a) Einigung; b) Schenkung, vgl. § 516 BGB.

      3.   a) Kaufvertrag, Werkvertrag, Dienstvertrag, Mietvertrag, Darlehensvertrag; b) Beförderungsvertrag (Werkvertrag), Beratungsvertrag (Dienstvertrag), Theatervertrag (Mietvertrag, Werkvertrag).

      4.   Vertragsparteien, Vertragsgegenstand, Preis.

      5.   § 611 und nicht § 631 BGB, da das Tätigwerden des Anwalts, nicht aber ein bestimmter (Prozeß-)Erfolg geschuldet wird.

      6.   Werkvertrag, vgl. § 632 BGB (vgl. auch §§ 653, 612 BGB).

III. 1.   Anzukreuzen waren b), c), d) und e).

      2.   Artikel 2 I GG und § 305 BGB.

      3.   a) Uneingeschränkte Vertragsfreiheit; b), c) und d): im wesentlichen Abschlußfreiheit.

      4.   a) §§ 276 II, 823, 929 BGB; b) §§ 276 I, 433 BGB.

Erreichbare <u>Gesamtpunktzahl</u>: 47; Minimum: 30.

(3) Lösungshinweise zu den Lernfragen

§ 1   Allgemeines

1.   a) Aufgabe mehrfach lesen; b) Problemsammlung anfertigen (worauf wird es ankommen?); c) Fallfrage beachten; d) Skizze; e) Grobgliederung (nach Personen und Anspruchsgrundlagen); f) Richtigkeitskontrolle der gefundenen Ergebnisse.

2.   Richtig ist allein c).

3.   a) Wer? (Anspruchsteller); will was? (Anspruchsbegehren); von wem? (Anspruchsgegner); woraus? (Anspruchsgrundlage); warum? (Lebenssachverhalt).
b) Einleitungssätze: A könnte gegen B wegen der Beschädigung des Autos einen Anspruch auf Schadensersatz aus § 823 I BGB haben. V könnte gegen K aufgrund der Einigungsverhandlungen vom 1.1.1990 einen Anspruch auf Kaufpreiszahlung aus § 433 II BGB haben. E könnte gegen B einen Anspruch auf Herausgabe der Uhr aus § 985 BGB haben.

4.   Richtig ist b).

5.   a) Gutachtenstil; b) Urteilsstil: denn, weil, da; Gutachtenstil: also, daraus folgt, daher.

6.   In der Variante A ist der Urteilsstil verwendet, in der Variante B dagegen der Gutachtenstil. Richtig ist allein B.

7.   a) Ein Anspruch des E gegen A auf Rückgabe des Buches könnte sich zunächst aus § 604 BGB ergeben. Dann müßten die Voraussetzungen dieser Vorschrift vorliegen. Vorausgesetzt ist zunächst ein Leihverhältnis gemäß § 598 BGB, also die unentgeltliche Gestattung des Gebrauchs einer Sache. Ein solcher Vertrag ist hier zwischen E und A zustande gekommen. Da für die Rückgabe eine Zeit nicht bestimmt ist und

auch dem Zweck des konkreten Leihvertrages hier nicht entnommen werden kann, ist E gemäß § 604 III BGB berechtigt, die Sache jederzeit zurückzufordern. Damit besteht ein vertraglicher Herausgabeanspruch. Ein solcher Anspruch könnte sich auch aus § 985 BGB ergeben. Voraussetzung ist, daß E Eigentümer und A Besitzer des Buches sind. Beide Voraussetzungen sind hier gegeben. Da A wegen § 604 III BGB aufgrund des Leihvertrages zur jederzeitigen Rückgabe verpflichtet ist, kann er sich auch nicht auf ein Recht zum Besitz gemäß § 986 BGB berufen. Ein Herausgabeanspruch besteht daher auch aus § 985 BGB.

b) Fall nach BGH NJW 1978, S. 1343:

I.   Ein Anspruch des A gegen B auf Ersatz der Heilungskosten könnte sich aus § 823 I BGB ergeben. Dann müßten zunächst die Voraussetzungen des objektiven Tatbestandes dieser Vorschrift vorliegen. Verletzungshandlung des B ist das Zuschlagen mit der Faust ins Gesicht des A. Daraus folgte kausal die Verletzung des Körpers des A, eines absoluten Rechtsgutes im Sinne des § 823 I BGB. Außerdem müßte das Verhalten des B rechtswidrig gewesen sein. B macht als Rechtfertigungsgrund Notwehr (§ 227 BGB) geltend. Hierzu bedarf es zunächst eines gegenwärtigen rechtswidrigen Angriffs auf die Person des B (§ 227 II BGB). Es ist schon zweifelhaft, ob dieser Angriff in dem bloßen Wegnehmen der Zigarette gesehen werden kann, weil sich die Wegnahme offensichtlich nicht gegen die Person des B, sondern gegen die qualmende Zigarette (eine Sache) richtete. Selbst wenn ein Angriff vorläge, ist dessen Rechtswidrigkeit zweifelhaft: Erblickt man im "Passivrauchen" eine Gesundheitsgefährdung, so stellt bereits das Rauchen des B einen Angriff auf die Person des A dar, der -Nichtraucherabteil- rechtswidrig war. Jedenfalls war eine Notwehr durch Zuschlagen nicht die gebotene Verteidigung im Sinne des § 227 II BGB, sondern eine Überschreitung des Notwehrrechts. Die Einlassung des B, er habe sich eines Überfalls erwehren wollen, findet in dem tatsächlichen Geschehen keine Stütze; insgesamt liegen damit die Voraussetzungen des Notwehrrechts nicht vor. Als weiterer Rechtfertigungsgrund kommt § 859 II BGB (Gegenwehr gegen verbotene Eigenmacht) in Betracht. Die Wegnahme der Zigarette des B durch A stellt nur dann eine verbotene Eigenmacht gemäß § 858 I BGB dar, wenn die oben geprüften Voraussetzungen eines Notwehrrechts des A entgegen der hier vertretenen Ansicht verneint würden. Jedenfalls gestattet § 859 II BGB lediglich die zur Wiedererlangung des Besitzes erforderliche Gewalt (z. B. Festhalten der Hand des A) und erlaubt angesicht des geringen Wertes der Zigarette keinen Faustschlag ins

Gesicht des A. Somit liegen auch die Voraussetzungen des Rechtfertigungsgrundes des § 859 II BGB nicht vor. Die Handlung des B war daher rechtswidrig. Da B mit Wissen und Wollen ins Gesicht des A schlug, liegt als Verschuldensform Vorsatz vor. Gemäß § 249 Satz 2 BGB kann A Geldersatz im Hinblick auf die entstandenen Heilungskosten verlangen.

II.   Da § 223 StGB Schutzgesetz ist, ergibt sich ein Anspruch in gleicher Höhe auch aus § 823 II BGB in Verbindung mit § 223 StGB. Und weil B dem A aufgrund der Körperverletzung auch einen Nichtvermögensschaden zugefügt hat (Schmerzen aus der Verletzung), hat A gemäß § 847 BGB auch Anspruch auf ein angemessenes Schmerzensgeld.

c) Ein "Herausgabeanspruch" des B gegen U könnte sich nur als Anspruch auf Lieferung aus einem Werklieferungsvertrag gemäß § 651 in Verbindung mit § 631 BGB ergeben. U hat sich verpflichtet, den Maßanzug aus von ihm zu beschaffenden Stoffen herzustellen und ist damit grundsätzlich verpflichtet, dem B die hergestellte Sache zu übergeben und das Eigentum am Maßanzug zu verschaffen. Da es sich beim Werklieferungsvertrag jedoch um einen gegenseitigen Vertrag im Sinne des § 320 BGB handelt, ist U nur zur Lieferung des Maßanzuges Zug um Zug gegen Zahlung des Werklohnes verpflichtet (Einrede des nichterfüllten Vertrages, § 320 I BGB). U verweigert daher zu Recht die Übergabe des Anzugs.

d) Es kommen sowohl vertragliche als auch gesetzliche Ansprüche des E in Betracht.

I.   Ein vertraglicher Anspruch könnte sich nach den Grundsätzen der positiven Vertragsverletzung (§§ 280, 286, 325, 326 BGB analog) in Verbindung mit § 631 BGB ergeben. Aus dem zwischen M und E geschlossenen Werkvertrag folgte für den M die Nebenpflicht, bei der Erfüllung des Vertrages im Eigentum des Auftraggebers stehende Sachen nicht zu beschädigen. Diese Vertragspflicht, die weder durch die allgemeinen Regeln des Rechts der Leistungsstörungen noch durch das Gewährleistungsrecht erfaßt wird, hat M objektiv rechtswidrig verletzt. Da er auch die im Verkehr erforderliche Sorgfalt außer acht gelassen hat, als er mit dem Fuß gegen den Farbeimer stieß, hat er fahrlässig gehandelt und schuldet daher gemäß § 249 Satz 2 BGB Ersatz der Reinigungskosten.

II.   Ein Anspruch in gleicher Höhe könnte sich auch aus § 823 I BGB ergeben. M hat das Eigentum des E am Teppich als eines absoluten Rechtsgutes durch Umstoßen des

Farbeimers verletzt. Die Verletzungshandlung war auch kausal für den eingetretenen Verletzungserfolg. Rechtfertigungsgründe sind nicht ersichtlich. M handelte fahrlässig und muß daher die anfallenden Reinigungskosten ersetzen.

§ 2   Klausurtechnik

8. a) Identifizierung der Klausur: Name, Semesterzahl, eventuell Anschrift; Bezeichnung der Arbeit und der Übung; Datum;

b) Rand lassen: 1/3 bis 1/2 auf der linken Seite;

c) Reinschrift: leserlich, Blatt einseitig beschreiben, Seitenzahl nicht vergessen.

9. Die richtige Gliederung lautet:

A. Anspruch des A gegen B auf Herausgabe des Buches aus § 985 BGB

I.   Besitz des B

II. Eigentum des A

B. Anspruch des B gegen A auf Zahlung des Kaufpreises für das Auto aus § 433 II BGB

I.   Angebot

1. Schriftliches Angebot des A über DM 5.000,-

2. Ablehnungsschreiben des B, verbunden mit einem Angebot über DM 5.200,-

II. Annahme

1. erste Annahmeerklärung des A über DM 5.200,- (bei der Post verlorengegangen)

2. zweite Annahmeerklärung des A über DM 5.200,- (bei B noch rechtzeitig zugegangen)

10. a) Alle Personen, alle Anspruchsgrundlagen, nur Zivilrecht; b) Keine anderen Personen, nur auf Schadensersatz gerichtete Anspruchsgrundlagen; c) nur § 433 II BGB zwischen diesen Personen; d) nur Kündigung prüfen; ausnahmsweise wird nicht mit einer Anspruchsgrundlage, sondern mit der Gegennorm (Gestaltungsrecht) begonnen; e) nur Einwendungen prüfen, nicht mit Anspruchsgrundlage beginnen.

11. a) § 119 BGB ist keine Anspruchsgrundlage; b) falsch ist "könnte": in diesem Falle <u>hat</u> E einen Anspruch, es sei denn, B kann sich auf ein Recht zum Besitz im Sinne des § 986 BGB berufen; c) keine Sachverhaltswiederholung, sondern Subsumtion; d) nicht Urteilsstil, sondern Gutachtenstil verwenden; e) allgemeine, nicht fallbezogene Erörterungen sind unzulässig; f) Gesetzestext nicht wiederholen; g) die Floskel "wie dem Sachverhalt zu entnehmen ist" ist ungeschickt und stellt keine Subsumtion dar; h) unzulässig sind affirmative Füllwörter wie sicherlich, selbstverständlich, auf gar keinen Fall, unbedingt.

12. a) Reihenfolge: Ansprüche aus Vertrag vor Ansprüchen aus vertragsähnlichen Rechtsverhältnissen vor sachenrechtlichen Ansprüchen vor Ansprüchen aus §§ 812 ff BGB; b) Ansprüche aus Vertrag: §§ 433 II, 325; 280, 285, 325, 326 analog; 611 BGB; vertragsähnliche Ansprüche: §§ 179, 683, 670 BGB; sachenrechtliche Ansprüche: §§ 985, 861 BGB; Ansprüche aus unerlaubter Handlung: § 826 BGB; Ansprüche aus §§ 812 ff: § 816 BGB. § 278 BGB ist keine Anspruchsgrundlage, sondern Hilfsnorm.

13. a) <u>Problemsammlung</u>: pacta sunt servanda, Einigung.
    <u>Gliederung</u>: Anspruch des V gegen K auf Zahlung des Kaufpreises gemäß § 433 II BGB; 1. Angebot; 2. Annahme.
    <u>Skizze</u>:   V ———→ K
                         § 433 II

b) <u>Problemsammlung</u>: Rechtfertigungsgründe gemäß §§ 904, 228 BGB.
<u>Gliederung</u>: A. Ansprüche des E: I. E gegen M aus § 823 I und II BGB in Verbindung mit § 202 StGB (-), vergleiche § 828 BGB; II. E gegen V: 1. § 823 (I und II, s. o.) BGB (-) wegen Rechtfertigung gemäß § 904 Satz 1 BGB; 2. § 904 Satz 2 BGB (+). B. Ansprüche des H gegen V: I. § 823 BGB (-) wegen Rechtfertigung nach § 228 Satz 1 BGB; II. § 228 Satz 2 BGB (-) mangels Verschuldens von V und M.
<u>Skizze</u>: E ⇄——→ M
              H ———↗ V

c) <u>Problemsammlung</u>: Erfüllungsanspruch und Rückabwicklung gemäß § 812 BGB bei Anfechtung.
aa) <u>Skizze</u>:   K ———→ V
                        § 433 I

Grobgliederung: I. Anspruch K gegen V aus § 433 I BGB: 1. Zustandekommen des Vertrages: a) Angebot des V; b) Annahme durch K; 2. Anspruch untergegangen wegen wirksamer Anfechtung? a) Anfechtungserklärung; b) Anfechtungsgrund: Erklärungsirrtum, § 119 I BGB; c) Anfechtungsfrist, § 121 BGB. Ergebnis: wegen § 142 BGB ist die Willenserklärung des V von Anfang an nichtig und damit die Einigung entfallen.

bb) Skizze: V————➔ K
                           § 812

Gliederung: Anspruch V gegen K aus § 812 BGB: 1. K hat das Gemälde erlangt; 2. durch Leistung (zweckgerichtete Vermögensvermehrung) des V; 3. ohne Rechtsgrund?; a) ursprünglich kaufvertragliche Einigung (+); b) durch wirksame Anfechtung (vgl. oben) jedoch entfallen, § 142 BGB. Ergebnis: K muß V das ohne Rechtsgrund erlangte Gemälde herausgeben.

§ 3   Technik bei Hausarbeiten

14.   Die Aussagen b) und c) stellen richtige und empfehlenswerte Möglichkeiten zur Darstellung von juristischen Streitfragen dar.

15.   Bestandteile der Hausarbeit: Deckblatt (Übung, Semester, Name des Verfassers, erste Hausarbeit); Text der Aufgabe; Literaturverzeichnis; Abkürzungsverzeichnis; Inhaltsverzeichnis (= Gliederung); gutachtliche Lösung.

16.   Zutreffend sind d), e) und f).

17.   Gerichtsentscheidungen gehören nicht in das Literaturverzeichnis; aufzunehmen sind daher nur a), d) und g). Die Reihenfolge bei der Aufnahme der Quellen erfolgt entweder alphabetisch nach Verfassernamen oder der Einteilung in Kommentare, Lehrbücher und Monographien folgend (innerhalb jeder der drei Gruppen wieder alphabetisch).

18.   Folgende Fehler liegen vor: vertragliche Ansprüche sind vor Ansprüchen aus ungerechtfertigter Bereicherung zu prüfen; ein Unterpunkt kann nicht isoliert stehen (wer "A" sagt, muß auch "B" sagen); alle Unterpunkte müssen zur gewählten Überschrift

(Oberpunkt) passen, so daß Ansprüche des B gegen A nicht in der Gruppe der Ansprüche des A gegen B geprüft werden dürfen; die Erfüllungsgehilfeneigenschaft stellt keine Anspruchsgrundlage dar; alle Ansprüche eines Anspruchsberechtigten gegen einen Anspruchsverpflichteten sind innerhalb derselben Gruppe zu prüfen (keine "Fortsetzung").

(4) Lösungshinweise zu den Kontrollfragen

19. Ansprüche des S gegen G können unter dem Gesichtspunkt der unerlaubten Handlung bestehen.

I. Anspruch auf Zahlung von DM 2.500,- an Zahnarztkosten

1. Ein solcher Anspruch könnte sich aus § 823 I BGB ergeben. Dann müßten zunächst die objektiven Tatbestandsvoraussetzungen dieser Anspruchsgrundlage vorliegen. In dem von G dem S versetzten Stoß ist die Verletzungshandlung zu erblicken, durch die adäquat kausal der Körper des S (zwei Zähne) als eines absolut geschützten Rechtsgutes verletzt wurde. G handelte jedoch nicht rechtswidrig, wenn der Stoß durch Notwehr (§ 227 BGB) geboten war. Dies setzt zunächst das Vorliegen eines gegenwärtigen rechtswidrigen Angriffs von seiten des S voraus. Indem S dem G in den Arm fällt, liegt ein gegenwärtiger Angriff vor. Dieser ist jedoch nicht rechtswidrig, wenn sich S seinerseits auf den Rechtfertigungsgrund der Notwehr in Form der Nothilfe zugunsten des T berufen kann. Als G versucht, dem T dessen Fanfare mittels der Preußen-Fahne aus dem Mund zu schlagen, begeht G einen gegenwärtigen rechtswidrigen Angriff, zu dessen Abwehr die Handlung des S (in-den-Arm-Fallen) verhältnismäßig, geboten und erforderlich war. Somit ist S durch Notwehr (§ 227 II BGB) gerechtfertigt, und es fehlt daher an einem gegenwärtigen rechtswidrigen Angriff auf G, demgegenüber G Notwehr zu üben berechtigt gewesen wäre. Damit ist das Verhalten des G mangels Rechtfertigungsgrundes rechtswidrig. Weil G zudem den Stoß wissentlich und willentlich ausführte, handelte er vorsätzlich und damit schuldhaft. Gemäß § 249 Satz 2 BGB sind als Schaden die Zahnarztkosten in der erforderlichen Höhe zu ersetzen. Ein Anspruch auf Zahlung von DM 2.500,- besteht daher zu Recht.

2. Ein Anspruch in gleicher Höhe ergibt sich aus § 823 II BGB in Verbindung mit § 223 StGB wegen Körperverletzung.

II.   Anspruch auf Zahlung von DM 150,- für eine neue Hose

1. Ein solcher Anspruch könnte sich aus § 823 I BGB unter dem Gesichtspunkt der Eigentumsverletzung ergeben. Analog zur obigen Prüfung liegen die Voraussetzungen vor, und es liegt auch insbesondere nicht außerhalb jeglicher Lebenserfahrung, wenn durch einen Stoß ein Zuschauer von den Rängen eines Stadions stürzt und dabei dessen Hose beschädigt wird. Fraglich ist jedoch, ob S anstelle seiner abgetragenen Hose die Zahlung einer neuen Hose verlangen kann. Nach den Grundsätzen des Abzugs "neu für alt" ist vielmehr der Anspruch des S auf den Verkehrswert der alten Hose herabzusetzen.

2. Ein entsprechender Anspruch ergibt sich aus § 823 II BGB in Verbindung mit § 303 BGB.

III. Anspruch auf Zahlung von DM 70,- für die abhanden gekommene Jahreskarte

Ein solcher Anspruch könnte sich wegen Eigentumsverletzung nach § 823 I BGB ergeben. Auch die gänzliche Entziehung des Eigentums stellt eine Verletzung dieses Rechts dar. Problematisch ist, ob der Stoß für diese Eigentumsverletzung kausal ist (Adäquanztheorie). Auch hier erscheint es jedoch als nicht völlig unwahrscheinlich, daß durch einen Sturz von den Rängen vom Zuschauer bei sich geführtes Eigentum abhanden kommt. Gemäß § 249 Satz 2 BGB hat S Anspruch auf den Verkehrswert der Jahreskarte, der hier jedoch DM 50,- und nicht mehr DM 70,- betrug.

20.   K könnte gegen V Ansprüche aus Gewährleistung haben.

1.   Ein Schadensersatzanspruch könnte sich aus § 463 BGB ergeben. Voraussetzung ist entweder das Fehlen einer zugesicherten Eigenschaft (§ 459 II BGB) oder eine arglistige Täuschung durch den Verkäufer. Da beides hier nicht festzustellen ist, scheidet der Anspruch nach § 463 BGB aus.

2.   K könnte jedoch einen Anspruch auf Minderung gemäß §§ 462, 459 I, 472 BGB haben. Da alle Schäden binnen zehn Tagen nach Übergabe der Kaufsache aufgetreten sind und auf Verschleiß beruhen, dürften die Mängel bereits im Zeitpunkt des Gefahrübergangs vorgelegen haben (§ 459 I BGB). Da V - wie sonst beim Gebrauchtwagenkauf üblich - seine Gewährleistung nicht ausgeschlossen hat, besteht ein Minderungsanspruch. Dieser darf jedoch nicht als eine Art Schadensersatzanspruch aufgefaßt werden, so daß K nicht einfach den Gesamtbetrag der Reparaturkosten (DM 4.610,-) verlangen kann. Vielmehr muß durch Sachverständigengutachten der Wert des Autos mit sowie ohne Mangel ermittelt werden,

worauf sich die Abrechnung nach folgender Formel (§ 472 BGB) ergibt:

$$\frac{\text{Wert ohne Mangel}}{\text{Wert mit Mangel}} = \frac{\text{Kaufpreis}}{\text{geminderter Preis}}$$

Der Minderungsbetrag dürfte den Reparaturkosten jedoch im wirtschaftlichen Ergebnis in etwa entsprechen.

21. Ansprüche des B könnten sowohl gegen A als auch gegen M bestehen.

I. Ein Anspruch des B gegen A folgt aus § 823 I BGB unter dem Gesichtspunkt einer fahrlässigen Eigentumsverletzung.

II. B hat auch einen Anspruch gegen M gemäß § 831 BGB, wenn A Verrichtungsgehilfe des M ist und dem M der Exkulpationsbeweis nicht gelingt. Als weisungsabhängiger Angestellter ist A Verrichtungsgehilfe. Da M jedoch den A sorgfältig ausgesucht und überwacht hat, § 831 I Satz 2 BGB, haftet M nicht.

(5) Hinweise für den AG-Leiter

22. Lösungshinweise zum Besprechungsfall: Fall nach BGHZ 35, S. 363 ff. Herauszustellen ist die Güter- und Interessenabwägung im Einzelfall, Art. 5 Grundgesetz versus Würde des Einzelnen (Art. 1 Grundgesetz).

23. a) Argumente der pro-Gruppe: logisches Durchdringen des Sachverhaltes; vollständige Erfassung aller tatsächlichen und rechtlichen Probleme; stringenter Begründungszusammenhang; enge Bindung des Rechtsanwenders an das Gesetz (Rechtssicherheit); Förderung der einheitlichen Geltung und Anwendung des Rechts im gesamten Geltungsbereich des Gesetzes.

b) Argumente der contra-Gruppe: Grundrechtsprüfungen haben im Aufbauschema keinen Platz; Prüfungstechnik täuscht Bewertungssicherheit vor, die angesichts vieler unbestimmter Rechtsbegriffe nicht gegeben ist und auch durch andere Prüfungstechniken nicht erreicht werden kann; Gefahr zu schematischer und positivistischer Problembehandlung; Alles-oder Nichts-Prinzip mancher Voraussetzungen (Vorliegen/Nichtvorliegen), was sich nicht immer zwingend aus dem Gesetz ergibt, verhindert sachgerechte Entscheidungen im Sinne von interessengerechten Zwischen- und Kompromiß-Lösungen.

24. Beispiele für den AG-Leiter: Verkehrsunfall (ohne StVG); Verunreinigung eines Fischteiches durch Einleiten einer giftigen chemischen Flüssigkeit (ohne Wasserhaushaltsgesetz); Verkehrssicherungspflichtverletzung (schadhaftes Treppengeländer in der Universität).

(3) <u>Lösungshinweise zu den Lernfragen</u>

1.   vgl. §§ 105, 111, 116 Satz 2, 117 I, 118, 125, 134, 138, 142 I BGB.

§ 1   Formmängel

2.   a) §§ 126, 127 BGB; b) § 128 BGB; c) § 129 BGB.

3.   a) Rechtslage im Ausgangsfall: I. Anspruch V gegen K auf DM 160.000,- aus §§ 433 II, 313 BGB; 1. Einigung (+); 2. Formverstoß: gewollte DM 160.000,- nicht beurkundet, Verstoß gegen §§ 128, 125, 313 BGB, wegen § 139 BGB Kaufvertrag insgesamt unwirksam: kein Anspruch. II. Anspruch V gegen K auf DM 110.000,-; Einigung über diesen Betrag schon fraglich; jedenfalls Scheingeschäft gemäß § 117 I BGB, so daß wegen Nichtigkeit des Kaufvertrages kein Anspruch.

b) Rechtslage nach Eintragung im Grundbuch: Anspruch V gegen K auf Rückübertragung des Grundstücks nach § 812 BGB (eventuelle Grundbuchberichtigungsansprüche bleiben unberücksichtigt); 1. K hat hinsichtlich des Grundstücks eine Grundbuchposition durch Leistung des V erlangt; 2. Rechtsgrund könnte ein wirksamer Kaufvertrag sein; a) eine Einigung V - K ist aber wegen Formmangels bzw. Scheingeschäfts nicht festzustellen; b) jedoch Heilung des Formmangels nach § 313 Satz 2 BGB (anders, wenn der Formmangel nicht den einzigen Unwirksamkeitsgrund bildet, vgl. dazu BGH Deutsche Notar-Zeitschrift 1969, S. 350). Im Ergebnis daher Kaufvertrag geheilt, so daß V keinen Rückforderungsanspruch hat (K muß aber auch den höheren Kaufpreis zahlen).

4.   A. Anspruch B gegen Eheleute A aus § 985 BGB auf Herausgabe der Eigentumswohnung; I. Besitzer: Eheleute A; II. B war ursprünglich Eigentümer, nach §§ 873, 925 BGB Eigentum durch Auflassung und Eintragung verloren?; 1. Auflassung erfordert notarielle Beurkundung (vgl. §§ 4 II, 1 II Wohnungseigentumsgesetz, §§ 873, 925 BGB), so daß es schon an einer wirksamen dinglichen Einigung fehlt; 2. B kann sich

nach hM auch ohne Verstoß gegen § 242 BGB auf diesen Formmangel berufen und als Eigentümer Herausgabe verlangen.

B. Ansprüche der Eheleute A gegen B; I. Anspruch aus § 812 BGB auf Rückzahlung des Kaufpreises, wobei erzielte Nutzungen abzuziehen sind; II. Schadensersatzansprüche wegen der Finanzierungskosten können aus culpa in contrahendo sowie § 826 BGB bestehen.

§ 2   Mängel in der Geschäftsfähigkeit

5.   Erste Stufe: unbeschränkte Geschäftsfähigkeit; zweite Stufe: beschränkte Geschäftsfähigkeit; dritte Stufe: Geschäftsunfähigkeit.

6.   A. Anspruch des M, vertreten durch seine Eltern, auf Rückgabe des Zehnmarkscheines: I. Anspruch aus § 812 BGB; 1. V hat den Geldschein durch (natürliche) Leistung des M erlangt; 2. wegen § 104 Ziff. 1 BGB ist die Willenserklärung eines Geschäftsunfähigen nichtig (§ 105 BGB), so daß mangels Einigung der Kaufvertrag als Rechtsgrund nicht in Betracht kommt. Herausgabe (+); II. Ein Anspruch auf Herausgabe nach § 985 BGB besteht nicht, da M wegen des Diebstahls nicht Eigentümer des Geldscheines werden konnte (vgl. §§ 932, 935 BGB).

B. Ansprüche des V gegen M: I. aus § 812 BGB sowie § 985 BGB auf Rückgabe der Großpackung (+), da sowohl die schuldrechtliche als auch die dingliche Einigung wegen § 104 BGB nicht vorliegen; II. aus § 823 I BGB bzw. culpa in contrahendo auf Schadensersatz (Reparatur der Scheibe) (-) wegen Deliktsunfähigkeit (§ 828 BGB) bzw. Geschäftsunfähigkeit (§ 104 BGB) des M; eventuell § 828 BGB. C. Ansprüche V gegen Eltern aus § 823 BGB nur bei Aufsichtspflichtverletzung, die bei einmaligem Fehlverhalten des M fraglich ist.

7.   a) §§ 107, 110, 112, 113 BGB; b) 108 BGB.

8.   a) Rechtslage im Ausgangsfall: I. Anspruch M (vertreten durch seine Eltern) gegen V aus § 812 BGB auf Rückzahlung der ersten Rate in Höhe von DM 20,--; 1. V hat das Geld durch Leistung des M erlangt; 2. ohne Rechtsgrund, wenn keine wirksame Einigung; a) Angebot V (+); b) Annahme M wegen beschränkter Geschäftsfähigkeit

zunächst schwebend unwirksam, mangels Einwilligung oder Genehmigung durch Eltern endgültig unwirksam. Ausnahme nach § 110 BGB wegen Ratenzahlung (-), nach § 107 BGB (-), da ein Kaufvertrag nicht lediglich rechtlich vorteilhaft. Rückgabeanspruch (+). II. Anspruch V gegen M aus § 812 BGB auf Rückgabe des Wagens aus den gleichen Gründen (+). III. Entsprechender Anspruch V gegen M aus § 985; 1. M = Besitzer; 2. V könnte Eigentum nach § 929 Satz 1 verloren haben, wenn dingliche Einigung nach § 107 BGB wirksam; wegen der Kfz-Steuer ist der Eigentumserwerb am Auto jedoch nicht lediglich rechtlich vorteilhaft, so daß V Eigentümer geblieben ist (nach anderer Ansicht bleiben die mit dem Gegenstand zusammenhängenden öffentlich-rechtlichen Pflichten unberücksichtigt, vgl. die bei BGHZ 15, S. 168, 169 f. zusammengestellten Nachweise).

b) Rechtslage bei Volljährigwerden des M: M kann gemäß § 108 III BGB selbst genehmigen, so daß seine zunächst schwebend unwirksamen Willenserklärungen wirksam werden. §§ 812, 985 BGB dann (-).

9. a) nur rechtlich vorteilhaft, da zur Gegenleistung nicht verpflichtet; b) wegen Gegenleistungen nicht lediglich rechtlich vorteilhaft; c) wegen Abstraktionsprinzip (zugrunde liegendes schuldrechtliches Geschäft wird nicht berücksichtigt) lediglich rechtlich vorteilhaft (streitig).

10. I. Anspruch der Eltern gegen V_1 auf Gestattung der Nutzung an der alten Wohnung; 1. Mietvertrag, § 535 BGB, zwischen Eltern/V_1 (+); 2. Eltern haben nicht gekündigt, M konnte mangels Vertretungsmacht nicht wirksam für die Eltern kündigen (vgl. außerdem § 111 BGB). II. Anspruch V_2 gegen M auf Mietzinszahlung aus § 535 BGB (-), da M ohne Einwilligung/Genehmigung der Eltern keine nicht lediglich rechtlich vorteilhaften Rechtsgeschäfte abschließen konnte.

11. Da die Aneignung gemäß § 958 BGB Realakt und nicht Rechtgeschäft ist, kommt es auf die fehlende Geschäftsfähigkeit des M nicht an; M ist Eigentümer geworden. Eine Genehmigung der Eltern ist grundsätzlich nicht erforderlich. Nach § 1626 BGB haben die Eltern des M jedoch das Sorgerecht und können daher das Halten des Hundes verbieten, wenn dadurch das Wohl des Kindes gefährdet ist (§ 1627).

§ 3   **Willensmängel, insbesondere Anfechtung**

12.   a) § 116 BGB: V übergibt seinem Sohn S schenkweise DM 100,-- zum Geburtstag, behält sich aber heimlich vor, das Geld zurückzufordern, wenn S in der nächsten Woche sich wiederum weigert, den Rasen zu mähen. b) § 117 BGB: vgl. Fall Lernfrage 3. c) § 118 BGB: A verkauft seinem guten Freund B seine Frau für DM 199,99. d) § 154 BGB: V und K schließen einen Autokaufvertrag, wobei sich beide darüber einig sind, daß man über den Preis noch weiter verhandeln muß. e) § 155 BGB: M und V schließen einen Mietvertrag über eine Wohnung, übersehen dabei aber die Frage der Regelung der Nebenkosten, obwohl nach beider Ansicht darüber eine Einigung erfolgen sollte.

13.   a) Über die Zulässigkeit der Anfechtung hinaus sind folgende drei Voraussetzungen zu prüfen: Anfechtungserklärung (§ 143 BGB), Anfechtungsgrund (§§ 119 ff. BGB), Anfechtungsfrist (§§ 121, 124 BGB). b) Erfüllungsanspruch, dem der Schuldner Anfechtung entgegenhält; Rückforderungsanspruch (§ 812 BGB) des Anfechtenden bei bereits abgewickelten Verträgen.

14.   a) § 119 I 1. Alt.: Inhaltsirrtum; b) § 119 I 2. Alt: Erklärungsirrtum; c) § 119 II: Irrtum über verkehrswesentliche Eigenschaften; d) § 120: Übermittlungsirrtum; e) § 123 I 1. Alt.: Anfechtung wegen arglistiger Täuschung; f) § 123 I 2. Alt.: Anfechtung wegen Drohung.

15.   Anspruch V gegen A auf Bezahlung von 60 Eiern aus § 433 II BGB?
I.   Durch Einigung V - A könnte ein Kaufvertrag über 60 Eier zustande gekommen sein. 1. Das Angebot des A lautete auf "ein Schock", worunter V - Auslegung der Willenserklärung vom Empfängerhorizont - richtig die Zahl "60" verstehen durfte. Ein entgegenstehender Wille des A ("ein Dutzend") ist in der Erklärung nicht zum Ausdruck gekommen und daher unbeachtlich. 2. Da V dieses Angebot angenommen hat, ist eine kaufvertragliche Einigung über 60 Eier erfolgt.
II.   Ein Zahlungsanspruch des A aus § 433 II BGB besteht jedoch nicht, wenn A seine Erklärung gemäß § 119 BGB wirksam anfechten könnte, so daß sie nach § 142 BGB unwirksam wäre. 1. Die Anfechtungserklärung (§ 143 BGB) kann noch rechtzeitig erfolgen (§ 121 BGB). 2. Erforderlich ist jedoch das Vorliegen eines Anfechtungs-

grundes. a) Ein Erklärungsirrtum (§ 119 I 2. Alt.) beinhaltet einen Irrtum bei der Erklärungshandlung und liegt insbesondere in den Fällen des Versprechens, Verschreibens, Vergreifens usw. vor. Da A "ein Schock" sagen wollte und dies auch richtig ausgesprochen hat, ist ein Erklärungsirrtum ausgeschlossen. b) Der Inhaltsirrtum (§ 119 I 1. Alt.) setzt das unbewußte Auseinanderfallen von Wille und Erklärung voraus; der Erklärende will zwar den Wortlaut, nicht aber das Ergebnis der Erklärung (beim Erklärungsirrtum will der Erklärende weder Wortlaut noch Ergebnis). Da A unter "ein Schock" etwas anderes als der normale Geschäftsverkehr verstanden hat, liegt ein Inhaltsirrtum vor. Insgesamt ist daher das Angebot des A von Anfang an unwirksam (§ 142 BGB), so daß mangels wirksamer Erklärung des A eine kaufvertragliche Einigung nicht zustande gekommen ist. Da das Gesetz eine Teilunwirksamkeit nicht vorsieht, besteht überhaupt kein Kaufpreisanspruch (wegen der 12 Eier aber eventuell § 242 BGB).

16. I. Anspruch Fa. Klusemeyer (K) gegen Frau Groß (G) aus § 598 BGB (Leihe) kann von vornherein nicht auf Zahlung gerichtet sein, da die Leihe ein unentgeltliches Geschäft darstellt.

II. Ein Anspruch K gegen G auf Zahlung von DM 10,-- könnte sich aber aus § 535 BGB ergeben. Dann müßte durch Angebot und Annahme ein Mietvertrag zustande gekommen sein. 1. Vom Empfängerhorizont betrachtet war das Angebot von Frau G nicht eindeutig ("Waagen" oder "Wagen"), so daß auch durch Auslegung der Erklärung ein genauer Inhalt nicht ermittelt werden kann. 2. Die "Annahme" durch K war für Frau G ebenso unklar. Da sich die beiden Willenserklärungen bei jeder der beiden möglichen Auslegungen nicht decken - ein objektiver Dritter wüßte nicht, worüber sich die beiden geeinigt haben - liegt ein versteckter Dissens (§ 155 BGB) und kein Irrtumsfall vor (Kontrolle: es fehlt am unbewußten Auseinanderfallen von Wille und Erklärung, da jedem Erklärenden aus seiner Sicht die Bedeutung der Erklärung klar war). Ohne die wichtige Frage des Mietgegenstandes ist der Vertrag nicht sinnvoll. Da somit kein Mietvertrag zustande gekommen ist, besteht kein Zahlungsanspruch.

17. a) Rechtslage im Ausgangsfall: Anspruch Dr. E gegen R auf Herausgabe des Loses aus § 985 BGB: 1. R ist Besitzer des Loses. 2. Dr. E war ursprünglich Eigentümer, könnte das Eigentum jedoch gemäß § 959 BGB durch Dereliktion verloren haben. Daran würde es jedoch fehlen, wenn hinsichtlich der Eigentumsaufgabe eine Anfechtung

zulässig und wirksam erklärt ist. a) Die Dereliktion ist ein aus einer Willenserklärung sowie einem Realakt bestehendes Rechtsgeschäft, so daß die Anfechtung zulässig ist. b) Als Anfechtungsgrund kommt § 119 II BGB in Betracht: Ob ein Los bereits ausgespielt ist oder nicht, ist für seine Wertschätzung im Rechtsverkehr von erheblicher Bedeutung, so daß ein Irrtum über eine verkehrswesentliche Eigenschaft zu bejahen ist. c) Die unverzügliche Anfechtungserklärung, §§ 143, 121 BGB kann Dr. E noch vornehmen. Die Eigentumsaufgabe ist von Anfang an unwirksam (§ 142 BGB). Da das Los somit nicht herrenlos war, konnte R nicht nach § 958 BGB Eigentum erwerben. Da Dr. E somit Eigentümer des Loses geblieben ist, besteht der Herausgabeanspruch zu Recht.

b) Rechtslage bei Wegwerfen des Loses erst nach der Ziehung: Die Rechtslage ändert sich zugunsten des R, wenn man den auf das Los entfallenden Gewinnanspruch nicht als verkehrswesentliche Eigenschaft, sondern lediglich den bloßen "Wert" der Sache betreffend behandelt (durch § 119 II BGB nicht geschützt). Mehr spricht jedoch dafür, den Gewinn als eine für die Wertschätzung des Loses elementare Eigenschaft anzusehen (Beziehung zur Umwelt), so daß eine Anfechtung zu bejahen ist. Dr. E ist Eigentümer geblieben.

18. Anspruch V gegen K auf Bezahlung der Rechenmaschine aus § 433 II BGB: 1. Einigung (+); 2. Unwirksam wegen Anfechtung? als Anfechtungsgründe kommen in Betracht: a) § 119 I (-), weder Inhalts- noch Erklärungsirrtum; b) § 119 II: Irrtum über die Partei- und Religionszugehörigkeit des V, wenn es sich dabei um eine verkehrswesentliche Eigenschaft handelt. Beides sind Merkmale seiner Person und damit Eigenschaften. Verkehrswesentlichkeit ist aber in bezug auf das konkrete Geschäft nur zu bejahen, wenn diese Eigenschaften gerade im Hinblick auf den Kauf von Rechenmaschinen im Rechtsverkehr als bedeutungsvoll angesehen werden. Dies ist weder bei der Konfessions- noch bei der Parteizugehörigkeit der Fall. Mangels Anfechtungsgrundes ist der Kaufvertrag wirksam. K muß zahlen.

19. Anspruch K gegen V auf Rückzahlung des Kaufpreises aus § 812 I 1 BGB: 1. V hat den Kaufpreis durch Leistung des K erlangt; 2. Rechtsgrund war zunächst der Kaufvertrag, der jedoch bei wirksamer Anfechtung gemäß §§ 123, 124, 143, 142 BGB als von Anfang an unwirksam anzusehen wäre. Indem V es unterließ, den K auf dessen Nachfrage auf die schweren Beschädigungen des Wagens beim Unfall hinzuweisen, hat

er eine Täuschung durch Unterlassen (Rechtspflicht aus vertraglichem Kontakt) verübt und bei K einen entsprechenden Irrtum hervorgerufen. V handelte vorsätzlich und damit arglistig im Sinne des § 123 BGB. Die Anfechtungserklärung muß binnen Jahresfrist erfolgen, § 124 BGB. Da mit erfolgter Anfechtung der Kaufvertrag als Rechtsgrund wegfällt, hat K den Rückforderungsanspruch aus § 812 BGB (wahlweise besteht ein Wandlungsrecht aus §§ 463, 462, 465 BGB, das im Einzelfall zu günstigeren Rechtsfolgen für den Käufer führen kann; auch: Schadensersatz gemäß § 463 BGB).

20. Anspruch V gegen K auf Zahlung von DM 80.000,-- aus § 433 II BGB: I. kaufvertragliche Einigung? 1. Angebot des K, gerichtet auf die Violine von Guadagnini (80.000,--), durch die Sekretärin des K als Botin überbracht, mit Zugang (§ 130 I BGB) wirksam geworden (vorheriges Zusenden des Kataloges durch V stellte lediglich eine Offerte dar). 2. Annahme durch V konkludent durch Auslieferung (vgl. auch § 151 BGB). Damit liegt Einigung vor. II. Ein Zahlungsanspruch besteht jedoch nicht, wenn K wirksam vom Vertrag zurückgetreten ist oder sein Angebot wirksam angefochten hat. 1. Da weder ein gesetzliches noch ein vertragliches Rücktrittsrecht eingreifen, geht die Rücktrittserklärung des K ins Leere. 2. Jedoch könnte die Rücktrittserklärung als Anfechtungserklärung zu deuten sein, wenn ein Anfechtungsgrund vorliegt. Ein Übermittlungsirrtum (§ 120 BGB) ist nicht ersichtlich. Da sich K jedoch verschrieben hat, greift § 119 I 2. Alt. BGB (Erklärungsirrtum) als Anfechtungsgrund ein; § 166 BGB ist nicht anwendbar, weil die Sekretärin als Botin und nicht als Vertreterin des K aufgetreten ist. K hat unverzüglich (§ 121 BGB) angefochten und muß daher den Kaufpreis nicht zahlen. Jedoch hat V einen Anspruch auf Zahlung von DM 10.000,-- aus § 122 BGB (Ersatz des Vertrauensschadens): Im Vertrauen auf die Gültigkeit des Vertrages mit K hat V das auf DM 90.000,-- lautende Angebot ausgeschlagen und daher einen entsprechenden Schaden erlitten.

§ 4   Sonstige Mängel

21. Vgl. insbesondere §§ 134 - 138 BGB.

22. Anspruch S gegen B auf Errichtung des Rohbaus aus §§ 631, 305 BGB (atypischer - unentgeltlicher - Werkvertrag): 1. Eine Einigung über die wesentlichen Bestandteile

des Werkvertrages sowie die Frage des Entgelts sind zu bejahen. 2. Die Vereinbarungen könnten jedoch wegen Verstoßes gegen ein gesetzliches Verbot (§ 134 BGB) nichtig sein. Solche Verbotsgesetze sind insbesondere Straftatbestände. Gemäß §§ 331, 332 StGB sind die aktive und die passive Bestechung unter Strafe gestellt und damit verboten; die sog. Unrechtsvereinbarung besteht hier in dem "Geschäft" der Erteilung des Zuschlags für den Neubau der Feuerwache im Gegenzug gegen die kostenlose Errichtung des Rohbaus des Einfamilienhauses des S. Wegen Verstoßes gegen ein gesetzliches Verbot ist der Werkvertrag nichtig; S hat keinen Anspruch auf Errichtung des Einfamilienhauses.

23. Anspruch D gegen F aus § 305 BGB: Zwar liegt eine Einigung D - F vor, jedoch verstößt ein derartiger Vertrag nach herrschender Meinung und Rechtsprechung gegen das Anstandsgefühl aller billig und gerecht Denkenden und damit gegen die guten Sitten. Der Vertrag ist gemäß § 138 I BGB nichtig. D hat keinen Erfüllungsanspruch.

24. A. Anspruch G gegen S auf Zahlung der vereinbarten Zinsen setzt einen wirksamen Darlehensvertrag voraus, §§ 607, 610 BGB. Die Vereinbarung von 45 % Zinsen ist jedoch wucherisch (§ 138 II BGB) und führt zur Nichtigkeit des Darlehensvertrages und der Zinsvereinbarung.
B. Ansprüche G gegen S auf Rückzahlung des ausgeliehenen Geldbetrages (DM 18.000,--): I. Wegen Unwirksamkeit des Darlehensvertrages besteht kein Anspruch aus §§ 607, 610 BGB. II. Ein solcher Anspruch besteht jedoch aus § 812 BGB, wobei § 817 Satz 2 BGB nicht entgegensteht (BGH WM 62, 606; 63, 834). Im Ergebnis schuldet S zwar keine Zinsen, wohl aber Rückzahlung des Darlehensbetrages.

25. Ein Anspruch auf Übereignung des Pferdes aus § 433 I BGB besteht nur, wenn ein wirksamer Kaufvertrag vorhanden ist. Entweder ist der Vertrag jedoch schon gemäß § 155 BGB (versteckter Dissens) nichtig, weil auch durch Auslegung der genaue Inhalt der ausgetauschten Erklärungen nicht ermittelt werden kann und die Bestimmung des Vertragsgegenstandes wesentlich ist (vgl. oben Lernfrage 16); oder aber V kann seine Vertragserklärung wegen Inhaltsirrtums (§ 119 I BGB) anfechten - wenn eine zur Übereinstimmung führende Auslegung der beiderseitigen Vertragserklärungen möglich ist -: Auch in diesem Falle wäre der Vertrag wegen § 142 BGB von Anfang an unwirksam.

(4) Lösungshinweise zu den Kontrollfragen

26. Vgl. zunächst oben Lernfrage 19: Die aus einer Anfechtung gemäß § 123 BGB folgenden Rechte bestehen selbständig neben den Gewährleistungsrechten (§§ 459 ff. BGB)
beim Kaufvertrag und können wahlweise geltend gemacht werden. Ein "Konkurrenzproblem" stellt sich daher nur insofern, als der zur Rechtsausübung Berechtigte überlegen
muß, welches Rechtsinstitut im Einzelfall zu einem für ihn günstigeren Ergebnis zu
führen vermag; beide Gestaltungsmöglichkeiten können nicht gleichzeitig ausgeübt
werden. Weil § 463 BGB als Rechtsfolge zusätzlich Schadensersatz - neben Wandlung
und Minderung - vorsieht, bei der Rückabwicklung nach §§ 812 ff. BGB (Anfechtungs-
variante) zudem die Berufung auf Wegfall der Bereicherung zulässig ist, dürfte es sich
regelmäßig empfehlen, die Rechte aus § 463 BGB geltend zu machen.

27. Ansprüche des A können sowohl gegen S (Herausgabe des durch Verkauf an K
erzielten Erlöses) als auch gegen K (Herausgabe des Kupferstichs) gerichtet sein;
möglicherweise kann A Ansprüche des S gegen K selbst geltend machen (vgl. § 281
BGB). Da Kennzeichen einer jeden Hausarbeit die Erörterung und Stellungnahme zu
rechtlichen Streitfragen ist, soll im folgenden unter Verzicht auf eine - ohnehin aus
Platzgründen hier nicht darstellbare - "Musterlösung" eine Auflistung der wichtigsten,
in der Lösung zu erörternden Problemkreise erfolgen. Einen ersten Einstieg in die
Streitfragen wird das entsprechende Zitat von Palandt, Bürgerliches Gesetzbuch, 49.
Auflage, München 1990 (nach § und Anm.) erleichtern.
   - Problem der abredewidrigen Ausfüllung von Blankoerklärungen (§ 126 Anm. 3 b)
   - Originalkupferstich und Irrtum über den Wert, § 119 II (§ 119 Anm. 6 d)
   - Anwendung des § 281 BGB im Rahmen der §§ 812 ff. BGB (§ 281 Anm. 1)
   - Eigentumserwerb als lediglich rechtlicher Vorteil im Sinne der §§ 107, 929 Satz 1
     (§ 107 Anm. 2 b aa)
   - unentgeltlich = rechtsgrundlos im Sinne der §§ 822, 816 BGB (§ 816 Anm. 3 d;
     BGHZ 37, S. 363)

(5)   Hinweise für den AG-Leiter

28.   1. Erfüllungsansprüche des M (§§ 535, 631, 305, 427, 421 BGB) können zunächst wegen
Dissenses, § 138 I BGB sowie Anfechtung scheitern (vgl. umfassend Leenen MDR
1980, S. 353 mit Nachweisen sowie AG Emden NJW 1975, S. 1363 - Borkumer
Pensionsfall). Der Erklärungsirrtum Renates führt wegen § 121 BGB nicht zur wirksamen Anfechtung. Da M jedoch selbst die Leistung unberechtigt - Überlassung auch
an unverheiratete Paare zulässig -verweigert, kann er auch keine Erfüllung verlangen
(vgl. §§ 320, 325, 242 BGB). Ansprüche der vier Studenten (Fahrtkosten) scheitern an
der fehlenden Kausalität zwischen Schaden (1988 eingetreten) und der Nichtzurver-
fügungstellung des Zimmers (für 1989 angekündigt), so daß weder § 325 BGB noch
positive Vertragsverletzung (Aufklärungspflicht M als Nebenpflicht) eingreifen.

29.   Bei rückwirkender Nichtigkeit entstehen enorme Abwicklungsschwierigkeiten, so daß
§ 142 BGB nicht gelten kann. Zu Lösungsvorschlägen vgl. Palandt, BGB, 49. Auflage,
§ 145 Anm. 5 c) mit Nachweisen.

(3) <u>Lösungshinweise zu den Lernfragen</u>

§ 1   Allgemeines

1. a) § 831 BGB: Einstehenmüssen für die Tätigkeit eines Dritten (unerlaubte Handlung);

    b) § 164 BGB (Stellvertretung bei rechtsgeschäftlichem Handeln);

    c) § 855 BGB (Besitzdienerschaft: Ausübung der tatsächlichen Gewalt für einen anderen);

    d) § 278 BGB (Subunternehmer werden als Erfüllungsgehilfen des Generalunternehmers tätig).

2. b) Eigene Willenserklärung des Handelnden;

    c) im fremden Namen;

    d) mit Vertretungsmacht.

3. Vertretener _____ Handelnder

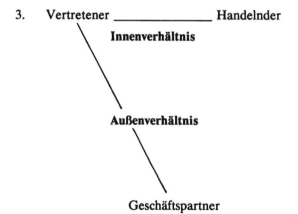

Das **Außenverhältnis** betrifft das eigentliche Rechtsgeschäft (z. B. Kaufvertrag), das zwischen Vertretenem und seinem Geschäftspartner durch die "Vermittlung" des Handelnden (Vertreters) zustande kommt. Dem **Innenverhältnis** zwischen Vertretenem und Handelndem liegt häufig ein Dienstvertrag oder ein Auftrag zugrunde.

Die durch das Innenverhältnis festgelegte Geschäftsführungsbefugnis des Vertreters und die aufgrund des Außenverhältnisses bestehende Vertretungsmacht des Vertreters müssen sich nicht decken; Probleme entstehen häufig daraus, daß der Vertreter aufgrund des Innenverhältnisses weniger <u>darf</u> als er aufgrund des Außenverhältnisses tun <u>kann</u>. Weil somit Innenverhältnis und Außenverhältnis losgelöst und unabhängig voneinander bestehen, kann man auch hier von einer Art "Abstraktionsprinzip" sprechen.

§ 2 Arten der Stellvertretung

4. a) gesetzliche Stellvertretung, vgl. § 1629 BGB;

 b) Stellvertretung kraft Satzung = organschaftliches Handeln: § 26 II BGB;

 c) rechtsgeschäftliche Vertretungsmacht (Vollmacht) mit gesetzlich bestimmtem Umfang: §§ 48 ff. HGB, § 166 II BGB;

 d) gesetzliche Stellvertretung: §§ 107, 1626 BGB (Zustimmung der Mutter noch erforderlich);

 e) keine gesetzliche Vertretung, sondern gesetzliche Verpflichtungsermächtigung ("Schlüsselgewalt"): § 1357 BGB.

§ 3 Zulässigkeit der Stellvertretung

5. a) Stellvertretung unzulässig, da höchstpersönliches Rechtsgeschäft;

 b) Testament muß eigenhändig errichtet werden (§ 2247 BGB), Stellvertretung unzulässig;

 c) gem. § 35 IV GmbHG i. V. m. § 181 BGB ist das Selbstkontrahieren (A schließt ein Geschäft mit sich selbst ab) grundsätzlich unzulässig, es sei denn, der Gesellschaftsvertrag gestattet dies.

§ 4 Handeln im fremden Namen

6. Anspruch A gegen B gem. § 433 I BGB auf Lieferung des Bildes:

 1. Angebot des A durch das Gebot des V, wenn V als Stellvertreter des A gehandelt hat;

a) Stellvertretung zulässig;

b) V hat keine vorformulierte Willenserklärung abgegeben und ist daher nicht Bote; als Vertreter mit gebundener Marschroute hat er eine eigene Willenserklärung formuliert;

c) Handeln im fremden Namen muß grundsätzlich offenkundig gemacht werden. Eine Ausnahme wird hiervon beim "Geschäft, wen es angeht", gemacht. Ein solches Geschäft ist insbesondere dann anzunehmen, wenn für den Geschäftspartner Person und Vermögensverhältnisse des anderen Vertragspartners ohne Belang sind (Bargeschäfte). Da bei Versteigerungen sofort kassiert wird, mußte V das Handeln im fremden Namen ausnahmsweise nicht offenkundig machen;

d) V hatte Vertretungsmacht und hat daher insgesamt als Stellvertreter wirksam ein Angebot für A abgegeben;

2. da der Auktionator B durch den Zuschlag das Vertragsangebot des A angenommen hat, ist der Kaufvertrag zustande gekommen. A hat einen Lieferanspruch.

7. Anspruch Firma W gegen Frau A auf Zahlung der Lieferrechnung aus § 433 II BGB:

1. Durch den Handelsvertreter H (Stellvertreter) hat die Firma W ein Angebot unterbreitet;

2. dieses Angebot müßte durch Frau A angenommen worden sein. Da Frau A selbst nicht tätig geworden ist, kommt lediglich eine Annahme durch Herrn A als Stellvertreter von Frau A in Betracht;

a) Herr A hat eine eigene Willenserklärung abgegeben;

b) die Abgabe müßte im fremden Namen erfolgt sein. Herr A hat sein Handeln für Frau A nicht offenkundig gemacht (vgl. § 164 II BGB). Jedoch ergibt sich aus den Umständen, daß H mit dem Geschäftsinhaber abschließen wollte. Dabei schadet es nicht, daß H den Herrn A für den Geschäftsinhaber gehalten hat: Um den Rechtsverkehr zu schützen, wird von der herrschenden Meinung das Handeln des A für den wahren Geschäftsinhaber fingiert, so daß ein Handeln im fremden Namen hier ausnahmsweise anzunehmen ist;

c) Herr A hatte auch Vertretungsmacht, was schon daraus zu erkennen ist, daß Frau A den Handelsvertreter H an Herrn A verwiesen hat.

Da somit auch eine wirksame Annahme festzustellen ist, ist der Vertrag durch Einigung zustande gekommen, und W hat einen Anspruch auf Bezahlung der Rechnung gegen Frau A.

8. Der Beherbergungsvertrag (gemischter Vertrag gem. §§ 631, 535, 433 BGB) ist mit Dr. B und nicht mit Dr. C zustande gekommen; ein Handeln <u>unter fremdem Namen</u> wird dem Handelnden selbst zugerechnet (keine Stellvertretung).

9. a) Falsch, denn das Organ einer juristischen Person (Vorstand) ist kein Bote;

    b) richtig; Begründung folgt der sog. Vertretertheorie;

    c + d) beides richtig, Begründungen folgen der sog. Organtheorie.

§ 5   Vertretungsmacht

10. a) Gesetzliche Vertretungsmacht: Eltern gegenüber Kindern (§ 1629 BGB); Vormund gegenüber Mündel (§ 1793 BGB); Vorstand im Verhältnis zum Verein (= Organ: Vorstand hat die Stellung eines gesetzlichen Vertreters, sein Handeln gilt jedoch als eigenes Handeln der juristischen Person: § 26 II BGB).

    b) Rechtsgeschäftliche Vertretungsmacht: Einkauf der Baumaterialien durch den Architekten erfolgt mit Vertretungsmacht für den Bauherrn. Die rechtsgeschäftliche Vertretungsmacht nennt man Vollmacht, vgl. § 166 II BGB.

11. a) Anspruch des V gegen A auf Herausgabe der Geige aus § 985 BGB: A ist Besitzer; hat V Eigentum an der Violine verloren?;

    1. da ein Handeln des H als Vertreter des V nicht ersichtlich ist, kommt ein Eigentumsübergang gem. § 929 Satz 1 i. V. m. §§ 164 ff. BGB nicht in Betracht;

    2. da A jedoch im Hinblick auf die Eigentümerstellung des H gutgläubig war, hat er die Violine gem. §§ 929, 932 BGB gutgläubig erworben; V hat gleichzeitig sein Eigentum verloren und daher keinen Herausgabeanspruch.

    b) Der gute Glaube an die bloße Verfügungsmacht ist anders als der gute Glaube an die Eigentümerstellung rechtlich nicht geschützt; A hat sein Eigentum nicht verloren und kann daher die Violine gem. § 985 BGB herausverlangen.

    c) Bei abhanden gekommenen Sachen ist gutgläubiger Erwerb nicht möglich (vgl. § 935 BGB), so daß V sein Eigentum nicht verloren hat. § 985 BGB (+).

    d) Ein Anspruch des V aus § 985 BGB besteht nicht, wenn H als Stellvertreter des

V gem. § 929 Satz 1 BGB wirksam Eigentum auf A übertragen hat. H hat eine eigene Willenserklärung im fremden Namen abgegeben, jedoch war die Vollmacht inzwischen erloschen (keine Vertretungmacht). Nach § 172 II BGB bleibt die Vertretungsmacht jedoch bestehen, bis die Vollmachtsurkunde dem Vollmacht-geber zurückgegeben oder für kraftlos erklärt worden ist. Weil deshalb das Fortbestehen der Vertretungsmacht gesetzlich fingiert ist, liegen die Voraus-setzungen der Stellvertretung insgesamt vor. V hat sein Eigentum verloren und daher keinen Herausgabeanspruch nach § 985 BGB.

e) Innenvollmacht und Außenvollmacht fallen hier auseinander. Um den Rechtsver-kehr zu schützen, geht das Außenverhältnis vor: Beim Nebeneinander mehrerer Vollmachten gilt die umfangreichere Außenvollmacht und nicht die (hier auf eine Million beschränkte) Innenvollmacht. Aus der Sicht des A war H daher unbe-schränkt und unbedingt zur Eigentumsverschaffung nach § 929 Satz 1 BGB i. V. m. §§ 171, 172 BGB befugt. A hat Eigentum erworben. Ein Herausgabeanspruch des V besteht nicht.

12. a) Rechtslage im Ausgangsfall: Anspruch A gegen V auf Bezahlung des dreizehnbän-digen Werkes aus § 433 II BGB. Ein Angebot des Buchhändlers A liegt vor. Fraglich ist, ob V durch seine Hausangestellte H das Angebot angenommen hat. Eine eigene Willenserklärung hat V nicht abgegeben. em äußeren Erscheinungsbild nach ist H als Botin (ohne eigenen Entscheidungsspielraum)·aufgetreten und hat daher - dem äußeren Erscheinungsbild nach - eine vorformulierte Willenserklärung abgegeben. Da H jedoch bewußt von ihrem Auftrag abgewichen ist, hat sie in Wirklichkeit eine eigene WE formuliert und kann daher allenfalls Vertreterin sein. Für den Erwerb der Sittengeschichte hatte sie jedoch keinerlei Vertretungsmacht; eine bewußt falsch übermittelte Willenserklärung bindet den Vertretenen V nicht (§ 120 BGB betrifft den Fall unbewußt falscher Übermittlung). Ein Anspruch des A gegen V aus § 433 II BGB besteht daher nicht. A muß sich an H halten (vgl. § 179 BGB).

b) Rechtslage bei der Abwandlung: Ein Anspruch aus § 433 II BGB besteht nur, wenn H ein wirksames Angebot für V abgegeben hätte. Als Botin hat sie eine fremde Willenserklärung überbracht; Botenmacht ist zu bejahen: Insbesondere macht das unbewußte Abweichen von Wille und Erklärung die Willenserklärung nicht unwirksam. Ein Vertrag ist daher zwischen A und V zustande gekommen.

Jedoch könnte V berechtigt sein, diesen Vertrag gem. §§ 120, 142, 143 BGB anzu-fechten. Der Anfechtungsgrund des § 120 BGH ist bei unbewußt falscher Über-mittlung ("Christ und Welt" anstelle von "Christ und Geld") zu bejahen. Nach § 142 BGB fehlt es daher an einem wirksamen Kaufvertrag; A hat keinen Anspruch auf Bezahlung.

13.

	Bote	Vertreter
Handlungs-befugnis	kein Entschei-dungsspielraum	Entscheidungs-spielraum
Auftreten	gibt fremde WE ab	gibt eigene WE ab
Geltungsgrund der WE	Botenmacht	Vertretungsmacht
Art der Ge-schäftsfähigkeit	kann geschäfts-unfähig sein	muß zumindest beschränkt ge-schäftsfähig sein

14. Ansprüche des V gegen G könnten aus § 812 BGB und § 985 BGB bestehen.

1. § 812 BGB: G hat das Fernsehgerät durch Leistung des V - H ist Leistungsmittler - erlangt. Rechtsgrund ist der Kaufvertrag, wenn H als Stellvertreter des V ab-schlußbefugt war. Gem. § 56 HGB gilt H als Ladenangestellter als ermächtigt, Verkäufe in gewöhnlichem Umfang vorzunehmen. Dazu zählt in einem Radioge-schäft auch der Verkauf von Farbfernsehgeräten, selbst wenn diese neuartig sind. H hatte daher Vertretungsmacht; zwischen V und G ist ein Kaufvertrag zustande gekommen, der den Rechtsgrund bildet. § 812 BGB (-).

2. Da die Befugnis des H zu gewöhnlichen Verkäufen (§ 56 HGB) auch die Berechti-gung umfaßt, gem. § 929 Satz 1 BGB Eigentum zu verschaffen, hat V sein Eigen-tum am Fernsehgerät verloren und daher keinen Anspruch gem. § 985 BGB.

15. a) Richtig;

b) falsch, die Ausgestaltung des Innenverhältnisses bestimmt das rechtliche Dürfen;

c) richtig;

d) falsch, denn Botenstellung und Stellvertretung führen im Falle des Todes des Vertretenen zu gleichen Ergebnissen: vgl. die §§ 130 II, 153 BGB für Boten, §§ 168 Satz 1, 672 BGB für den Vertreter;

e) richtig, vgl. § 164 II BGB;

f) falsch nach h. M.: Der BGH wendet auf diesen Fall § 164 II BGB analog an (aber streitig).

16. Kennzeichen der Duldungsvollmacht ist, daß der Vertretene das Handeln des Vertreters kennt und es duldet; der Vertretene handelt sozusagen mit "bedingtem Vorsatz". Demgegenüber genügt für die Annahme der Anscheinsvollmacht ein fahrlässiges Handeln des Vertretenen: Der Vertretene hätte das Handeln des Vertreters bei pflichtgemäßer Sorgfalt erkennen und verhindern können. Beide Rechtsscheinsvollmachten sind daher in Anlehnung an die Schuldform definiert ("Vorsatz" bei der Duldungsvollmacht, "Fahrlässigkeit" bei der Anscheinsvollmacht).

17. a) Duldungsvollmacht, weil V die Arbeiten hinsichtlich des Badezimmers wegen seiner häufigen Besuche auf der Baustelle nicht verborgen bleiben konnten (Kennen und Dulden);

b) Anscheinsvollmacht, weil V trotz seiner seltenen Besuche auf der Baustelle die auf die Errichtung des Badezimmers gerichteten Bauarbeiten hätte erkennen können. In beiden Fällen muß V zahlen.

(4) Kontrollfragen

18. Gebrauchtwagen-Fall

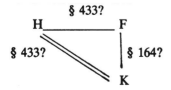

Anspruch des K gegen H auf Lieferung des Gebrauchtwagens aus § 433 I BGB. Ein Anspruch ist zu bejahen, wenn durch Einigung zwischen K und H ein Kaufvertrag zustande gekommen ist.

I.   K und H persönlich haben den Vertrag nicht geschlossen.

II.   F könnte jedoch den Vertrag als Vertreter des K abgeschlossen haben.

     1.   Ein wirksames Angebot des H (Telefongespräch) scheidet wegen § 147 I Satz 2 BGB aus.

     2.   Jedoch könnte K durch seinen Vertreter F ein Angebot unterbreitet haben.

       a) F hat eine eigene Willenserklärung abgegeben.

       b)   Weiterhin müßte F im fremden Namen gehandelt haben: F hat nicht ausdrücklich erklärt, ob er für sich oder für K handeln wolle. Aus den Umständen (Telefongespräch H-K; Ankündigung der Bevollmächtigung des F durch K) mußte H aber entnehmen, daß F für K - also im fremden Namen - handelte. Daß F für sich abschließen wollte, ist irrelevant (Umkehrschluß aus § 164 II BGB); F hätte dies unter den gegebenen Umständen dem H gegenüber deutlich zum Ausdruck bringen müssen.

       c)   Außerdem müßte F Vertretungsmacht gehabt haben.

         aa) K hat dem F Vollmacht durch Erklärung dem H gegenüber gem. § 167 I, 2. Alternative BGB erteilt (Außenvollmacht).

         bb) Diese Vollmacht könnte erloschen sein, als F es ablehnt, für den K tätig zu werden. Im Falle der Innenvollmacht würde § 168 gelten, so daß mangels Auftrages auch die Vollmacht nicht existent wäre. Da K die Vollmacht jedoch als Außenvollmacht erteilt hat, gilt § 170 BGB: Die Vollmacht und mit dieser die Vertretungsmacht bleiben so lange bestehen, bis ihr Erlöschen dem Dritten (H) gegenüber angezeigt worden ist. Da eine solche Anzeige nie erfolgte, hatte F Vertretungsmacht.

3. Das somit durch F im Namen des K abgegebene Angebot auf Kauf des Gebrauchtwagens hat H dem F gegenüber (als Vertreter des K) angenommen. Damit ist durch Einigung der Kaufvertrag zwischen K und H zustande gekommen, aus dem H dem K zur Lieferung verpflichtet ist.

Anmerkungen:

1. Ein zweiter Anspruch (F gegen H aus Kaufvertrag) brauchte jetzt nicht mehr geprüft zu werden.

2. Nach der Fallfrage war nicht zu prüfen, wie der Ausgleich im Innenverhältnis (K-F) zu erfolgen hat. F bekommt hier seine Aufwendungen (Kaufpreis für den Wagen) aus §§ 687 II, 684, 683, 667 BGB ersetzt (unechte Geschäftsführung ohne Auftrag).

19. T könnte gegen F einen Anspruch auf Bezahlung von fünf Ballen grauen Flanells aus §§ 433 II, 494 BGB haben.

I. Dann müßte zunächst durch Angebot und Annahme ein Kaufvertrag zustande gekommen sein.

   1. In der Übersendung des Musters (Probe, vgl. § 494 BGB) ist ein Angebot des T zu erblicken.

   2. Dieses Angebot könnte F durch V angenommen haben. V ist Vertreter, wenn er eine eigene Willenserklärung im fremden Namen mit Vertretungsmacht abgegeben hat. Da V in bezug auf die Preisverhandlungen (Skonto) einen Spielraum hatte, hat er keine Willenserklärung des F weitergereicht (dann Bote), sondern eine eigene Willenserklärung abgegeben. Dies geschah erkennbar im Namen des F; die Vollmacht ist zu bejahen. Da Willenserklärungen vom Empfängerhorizont her ausgelegt werden müssen, konnte T die Annahmeerklärung nur als sich auf das übersandte Muster beziehend verstehen. Damit ist ein Vertrag gem. §§ 433 II, 494 BGB über einen dem Muster entsprechenden Stoff zustande gekommen.

II. Der Vertrag wäre gem. § 142 BGB nichtig, wenn F die Annahmeerklärung anfechten könnte.

   1. Als Anfechtungsgrund kommt zunächst ein Inhaltsirrtum (§ 119 I BGB) in Betracht. F wollte den auf der Messe gesehenen Stoff, nicht aber den der Probe zugrunde liegenden Stoffe kaufen (unbewußtes Auseinanderfallen von Wille und Erklärung). Jedoch kommt es gem. § 166 I BGB bei Willensmängeln nicht auf die Person des Vertretenen, sondern auf die Person des Vertreters an. V hat sich jedoch nicht geirrt. Eine Anfechtung gem. § 119 I BGB scheidet daher aus.

   2. Der Anfechtungsgrund des § 120 BGB könnte nur eingreifen, wenn V als Bote des F gehandelt hätte. Da V jedoch Verhandlungsspielraum hatte (vgl. oben), war er Vertreter und nicht Bote. § 120 BGB greift ebenfalls nicht ein.

   Im Ergebnis muß F daher die fünf Ballen grauen Flanells bezahlen.

20. Kurzlösung der Hausarbeit (für eine Musterlösung wären neben einem erheblich größeren Umfange insbesondere eine Auseinandersetzung mit den Meinungen in Literatur und Rechtsprechung sowie eingehende Begründungen erforderlich):

A. Ansprüche des A gegen I wegen des zerstörten Fernsehgerätes

I. Ein Lieferungsanspruch des A könnte sich aus § 433 I BGB ergeben. Durch die für I handelnde L als Ladenangestellte (vgl. § 56 HGB) ist ein Kaufvertrag zwischen I und A zustande gekommen. Da die Auslieferung eines Fernsehgerätes nach der Verkehrssitte üblich ist und jedenfalls hierfür eine Anscheinsvollmacht der L bestand, ist auch die Verpflichtung zur Auslieferung (Bringschuld) Vertragsbestandteil geworden. Für eine Gefahrtragung des Käufers A i. S. d. § 447 BGB besteht kein Anhaltspunkt. Der Lieferanspruch des A könnte jedoch gem. § 275 BGB erloschen sein. Hinsichtlich des von G transportierten Fernsehgerätes ist eine Konkretisierung nach § 243 II BGB eingetreten, so daß es sich insofern um eine Stückschuld handelte. Diese Leistung ist nachträglich objektiv unmöglich geworden. Nach § 275 I BGB ist zwar weiter erforderlich, daß den Schuldner (I) kein Verschulden traf; über § 278 BGB ist dem I das Verschulden des G zuzurechnen. Jedoch erlischt nach h. M. der Erfüllungsanspruch in diesem Falle gem. § 275 I BGB analog, so daß die Frage des Verschuldens im Ergebnis nicht relevant ist.

II. Anspruch des A auf Schadensersatz gem. §§ 440, 325 BGB: Da I als Verkäufer seine Pflicht zur Eigentums- und Besitzverschaffung nicht erfüllen kann, haftet er gem. § 440 I i. V. m. § 325 BGB auf Schadensersatz. A kann daher den Kaufpreis herausverlangen und gegebenenfalls weiteren Schaden geltend machen. Die Rückzahlung des Kaufpreises kann er auch gem. § 325 I Satz 1 BGB i. V. m. §§ 346 ff. BGB durch Rücktritt vom Vertrag erreichen.

III. Aus § 831 BGB besteht kein Anspruch, da A noch nicht Eigentümer des Fernsehgerätes (§ 929 Satz 1 BGB) geworden war.

B. Ansprüche der Ehefrau F gegen I wegen des zerrissenen Mantels.

I. Ein Anspruch auf die Reparaturkosten könnte sich aus positiver Vertragsverletzung i. V. m. § 278 BGB sowie § 328 BGB analog ergeben. Zwischen A und I ist ein Kaufvertrag zustande gekommen, aus dem sich für I die Nebenpflicht ergab, bei der Erfüllung seiner Leistungspflicht im Eigentum des Vertragspartners stehende Gegenstände nicht zu beschädigen. Über § 328 analog (Vertrag mit Schutzwirkung für Dritte) ist die Ehefrau F als nahe Familienangehörige in den Schutzbereich des Vertrages zwischen A und I einbezogen worden. Die genannte Nebenpflicht hat G, für dessen Verschulden I gem. § 278 BGB einstehen muß, schuldhaft (§ 276 I Satz 2 BGB) verletzt. I haftet daher F auf den Ersatz der Reparaturkosten.

II. Ein auf dieselbe Rechtsfolge gerichteter Anspruch aus § 831 BGB, dessen Voraussetzungen im übrigen vorliegen (tatbestandsmäßige und rechtswidrige Handlung des Verrichtungsgehilfen G), scheitert daran, daß I den Exkulpationsbeweis zu führen vermag, § 831 I Satz 2 BGB.

C. Ansprüche des Hauseigentümers E gegen I wegen des zerstörten Treppengeländers

I. Da E nicht in den Schutzbereich des Vertrages zwischen A und I einbezogen ist (unüberschaubarer Personenkreis), besteht kein Anspruch aus positiver Vertragsverletzung i. V. m. §§ 278, 328 BGB.

II. Wegen des gelingenden Exkulpationsbeweises besteht auch kein Anspruch aus § 831 BGB.

III. Ein Anspruch des E gegen I könnte jedoch nach den Grundsätzen der Schadensliquidation im Drittinteresse bestehen. E hat einen Schaden, jedoch keinen Schadensersatzanspruch. In der Person des A liegen grundsätzlich die Voraussetzungen für einen Schadensersatzanspruch vor (positive Vertragsverletzung), jedoch hat A keinen eigenen Schaden. Aufgrund der besonderen Umstände, daß A nicht Hauseigentümer, sondern nur Mieter ist, ist der Schaden an dem E gehörenden Treppengeländer nicht in der Person des A eingetreten (Schadensverlagerung). Da zudem zwischen A und E ein besonderes Rechtsverhältnis in der Form des Mietvertrages besteht, wäre A berechtigt, den Schaden des E geltend zu machen. Ermächtigt A den Hauseigentümer E zur gerichtlichen Geltendmachung des Ersatzanspruches im eigenen Namen, so kann E den Anspruch auf Ersatz der Reparaturkosten für das Treppengeländer auch selbst durchsetzen.

21. Man spricht vom "Handeln unter fremdem Namen", wenn ein Vertragspartner das Rechtsgeschäft für sich selbst abschließen will, gleichzeitig aber den Namen einer bestimmten anderen Person verwendet. Dieses rechtsgeschäftliche Verhalten wird problematisch, wenn die Möglichkeit einer Identitätstäuschung besteht. Hierher gehören die Fälle des Handelns für den wahren Betriebsinhaber. Kommt es dem Vertragspartner des unter fremdem Namen Handelnden aber gerade darauf an, mit dem Träger des verwendeten Namens abzuschließen, so sind nach herrschender Lehre die §§ 164 ff. BGB auf diesen Fall analog anzuwenden.

(5) Hinweise für den AG-Leiter

22. Lösungshinweise zum **Test**:

1. Anzukreuzen war b: Die Bedeutung des Vertretungsrechts wächst mit zunehmender Arbeitsteiligkeit der Wirtschaft (Dezentralisierung);
2. Offenkundigkeitsprinzip;
3. Eltern im Verhältnis zu ihren Kindern (§ 1629 BGB);
4. a) eigene Willenserklärung; b) im fremden Namen; c) mit Vertretungsmacht;
5. anzukreuzen waren a, b, e;
6. der Bote gibt eine fremde, der Stellvertreter eine eigene Willenserklärung ab; der Vertreter hat Entscheidungsspielraum, der Bote nicht;
7. zu streichen waren (in der Reihenfolge des Textes): Außenverhältnis, Können, Vertretenen, überhaupt nicht beschränkt, Bevollmächtigtem, Innenverhältnis, Dürfen, Bevollmächtigtem.

23. a) Argumente der contra-Gruppe: Das Bestehen einer Willenserklärung hängt allein vom Wissen und Willen ("Vorsatz") des Erklärenden ab, so daß bloße Fahrlässigkeit nicht ausreicht; die abgestuften Schuldformen haben mit dem Rechtsinstitut der Willenserklärung nichts gemein, denn entweder existiert die Willenserklärung oder sie existiert nicht; da für eine Anfechtung das unbewußte Auseinanderfallen von Wille und Erklärung gefordert wird, fahrlässiges Handeln jedoch den Bereich des Unbewußten verläßt, käme es in diesen Fällen nie zur Anfechtung; statt eine Willenserklärung zu fingieren, würde die Zuerkennung von Schadensersatzansprüchen ausreichen und konstruktiv befriedigender sein.

b) Argumente der pro-Gruppe: Da das BGB in den §§ 169, 173 selbst Fahrlässigkeitstatbestände im Hinblick auf das Bestehen von Vertretungsmacht kennt, bildet die Anerkennung der Rechtsscheinsvollmacht keinen konstruktiven Bruch; im Rechtsverkehr besteht ein Bedürfnis für die Anerkennung der Rechtsscheinsvollmacht; der Hinweis auf Schadensersatzansprüche erscheint im Lichte des § 823 I BGB nicht als ausreichend, weil nach dieser Vorschrift bloße Vermögensschäden nicht ersetzt werden; eine Lösung wäre daher allenfalls über das Rechtsinstitut der culpa in contrahendo möglich.

24. Der Fall ist der Entscheidung des Landgerichts Hanau, NJW 1979, S. 721 nachgebildet. Ein Anspruch der GmbH gegen die Stadt S aus § 433 II BGB besteht wegen der beschränkten Vertretungsmacht des R nicht. Gegen R besteht grundsätzlich ein Anspruch aus § 179 I BGB, wobei jedoch die Haftung gem. §§ 119 I, 142 BGB analog (Inhaltsirrtum) entfällt. Die GmbH ist daher auf das negative Interesse (§ 122 I BGB gegen R) beschränkt.

ABSCHNITT VII: VEREINSRECHT

(3) <u>Lösungshinweise zu den Lernfragen</u>

1. Der Vereinszweck ist auf einen wirtschaftlichen Geschäftsbetrieb gerichtet, wenn eine
    nach außen gerichtete, auf den Erwerb vermögenswerter Vorteile abzielende Tätigkeit
    zu bejahen ist. Dabei ist der Hauptzweck des Vereins maßgebend.

2. Anzukreuzen sind a) bis h), obwohl die genannten Idealvereine teilweise in sehr
    erheblichem Umfange mit Personal- und Sachmitteln ausgestattet sind. <u>Vorteile</u> des
    Idealvereins: steuerlich günstig (Gemeinnützigkeitsprivileg), geringer Gründungs-
    aufwand, wenig Bürokratie. <u>Nachteile</u>: ungenügende öffentliche Kontrolle (keine
    Bilanzen, keine Prüfung von außen), kein Zwang zu kaufmännischem Wirtschaften,
    unangemessene Wettbewerbsvorteile vor Konkurrenten in anderen Rechtsformen mit
    entsprechend höherer Kostenbelastung, Gefahren für die Mitglieder wegen mangelnder
    öffentlicher Kontrolle.

3. Kennzeichen des Vereins sind Satzung, Name und Organe; der Verein besteht un-
    abhängig vom Wechsel seiner Mitglieder. Demgegenüber kommt die BGB-Gesellschaft
    durch Vertrag zustande; sie ist auf einen Mitgliederwechsel grundsätzlich nicht ange-
    legt.

4. Voraussetzungen der Eintragungsfähigkeit sind (vgl. §§ 56, 57, 59, 25 BGB): Gründung
    durch mindestens sieben Mitglieder, Vereinsname, Satzung (Zweck, Name, Sitz), Wahl
    des Vorstands, Einreichen der Unterlagen gem. § 59 II BGB zum Vereinsregister. Bis
    zur Eintragung existiert - je nach Struktur (Mitgliederwechsel?) - entweder ein nicht
    rechtsfähiger Verein oder eine BGB-Gesellschaft.

5. Ansprüche des G können sowohl gegen den V als auch gegen den Verein bestehen.
I.   Ansprüche gegen V bestehen gem. § 823 I BGB sowie unter dem Gesichtspunkt der
     culpa in contrahendo (Fahrlässigkeit des V).
II. Ansprüche gegen den Verein fußen auf denselben Anspruchsgrundlagen, wobei die
     Zurechnung der Pflichtverletzungen des V nach § 31 BGB erfolgt: Der Verein muß für
     das Verhalten seines Vorstandsmitglieds einstehen.
     Alle Ansprüche sind auf Wertersatz (§ 249 Satz 2 BGB) gerichtet.

(4) Lösungshinweise zu den Kontrollfragen

6. Gründungsfehler sind: keine sieben Mitglieder (§§ 56, 60 BGB); kein Idealverein (§§ 21, 22); Name: Verwechslungsgefahr mit ADAC e. V. (München), daher unzulässig (§ 57 II); Vorstand als handelndes Organ zwingend erforderlich (§§ 26, 31, 40); Stammkapital und Ausschüttungen wie bei einer GmbH sind beim Verein nicht möglich (allenfalls bei Liquidation, §§ 45 ff.); Vereinsvertrag ist in Wirklichkeit Satzung (§ 25); zwar bestehen keine ausdrücklichen Formerfordernisse für Satzung, jedoch ist wegen der erforderlichen Dokumentation die Aufzeichnung auf Tonband problematisch; Sitz des Vereins fehlt (§ 57); Kennzeichen des Vereins ist gerade der Mitgliederwechsel; Mitgliedschaft kann vererblich gestellt werden (§§ 40, 38); eine im Außenverhältnis wirksame Haftungsbeschränkung kann in der Satzung nicht vereinbart werden (vgl. §§ 40, 31 für den Vorstand); die Erfordernisse gemäß § 58 sind als Sollvorschriften ausgestaltet (vgl. aber § 60). Wegen vieler Verstöße gegen zwingende Vorschriften kann die Eintragung im Vereinsregister nicht erreicht werden. Es sollte eine GmbH gegründet werden.

7. Nach h. M. ja, Problem der sog. Drittorganschaft, vgl. Reuter (Bearb.), Münchener Kommentar zum BGB, Band 1, 2. Auflage München 1984, Rz. 7 zu § 26, unter Hinweis auf den aus § 9 II Genossenschaftsgesetz zu ziehenden Umkehrschluß.

8. a) Zwingende Vorschriften: §§ 26 ff. BGB mit Ausnahme der in § 40 BGB enthaltenen Bestimmungen; hinzu tritt ein ungeschriebener Grundsatz des Vereinsrechts: Grundsatz der Gleichbehandlung aller Mitglieder. Dispositive Vorschriften: §§ 27 I und III, 28 I, 32, 33 und 38 BGB.
    b) Die dispositiven Normen betreffen regelmäßig Vereinsinterna, für die es ein Schutzbedürfnis der Allgemeinheit nicht gibt. Bei den zwingenden Normen ist entweder der Schutz der Allgemeinheit oder des Rechtsverkehrs mit Nichtvereinsmitglieder geboten oder aber es ist erforderlich, die Vereinsmitglieder selbst zu schützen (vgl. z. B. den Minderheitenschutz in § 37 BGB).